LIVRO DE PRÉ-COISAS

MANOEL DE BARROS
LIVRO DE PRÉ-COISAS

ROTEIRO PARA UMA
EXCURSÃO POÉTICA NO PANTANAL

Copyright © 1985, 2020 by herdeiros de Manoel de Barros

Grafia atualizada segundo o Acordo Ortográfico da Língua Portuguesa de 1990, que entrou em vigor no Brasil em 2009.

Organização das fotos e documentos
Martha Barros

Curadoria
Italo Moriconi

Capa, projeto gráfico e editoração eletrônica
Regina Ferraz

Imagem de capa
Martha Barros, *Pré-coisas*, 2020, acrílica sobre tela, 44 × 39,5 cm, coleção particular. Reprodução de Jaime Acioli.

Créditos das imagens
As fotos e documentos reproduzidos no livro pertencem ao acervo pessoal do autor.

Revisão
Isabel Cury
Angela das Neves

Dados Internacionais de Catalogação na Publicação (CIP)
(Câmara Brasileira do Livro, SP, Brasil)

Barros, Manoel de, 1916-2014
  Livro de pré-coisas : Roteiro para uma excursão poética no Pantanal / Manoel de Barros. — 1ª ed. — Rio de Janeiro : Alfaguara, 2021.

  Inclui bibliografia
  ISBN 978-85-5652-104-0

  1. Poesia. 2. Poesia brasileira I. Título.

20-34727   CDD-B869.1

Índice para catálogo sistemático:
1. Poesia : Literatura brasileira   B869.1

Maria Alice Ferreira — Bibliotecária — CRB-8/7964

[2021]
Todos os direitos desta edição reservados à
EDITORA SCHWARCZ S.A.
Praça Floriano, 19, sala 3001 — Cinelândia
20031-050 — Rio de Janeiro — RJ
Telefone: (21) 3993-7510
www.companhiadasletras.com.br
www.blogdacompanhia.com.br
facebook.com/alfaguara.br
instagram.com/editora_alfaguara
twitter.com/alfaguara_br

Agradeço, de coração, seu Manoel   7
Maria Valéria Rezende

LIVRO DE PRÉ-COISAS   11

Ponto de partida   13

Cenários   21

O personagem   37

Pequena história natural   65

Cronologia   81

Fotografias e documentos   89

Relação de obras   105

Bibliografia sobre Manoel de Barros   107

Agradeço, de coração, seu Manoel

Minha boa sorte é que a poesia de Manoel de Barros não se sustenta em teorias, está mais pra criancice. Então o que estou escrevendo aqui vira pré-fácil, basta alembrar.

Décadas atrás, eu estava vivendo num cantinho do Brejo da Paraíba, em tempo de uma seca braba, e meu trabalho era caçar o que fazer enquanto ninguém me chamava pra trabalhar. Manoel de Barros foi me encontrar nessa hora de grande precisão.

Eu quase-quase só me ocupava de ouvir no escuro da noite a voz do radinho de pilhas gaguejando em ondas curtas, eu querendo aprender línguas que não entendia, ou me ocupava de espiar pela janela o que desacontecia na pracinha do povoado, logo cedo, antes que o sol quentasse muito, ou de, largada na rede, na derrota do calor do meio-dia, ficar medindo o tempo pelo caminho que a mancha de sol enfiada pela fresta nas telhas percorria na parede. O que eu mais gostava de fazer era sair quando o sol baixava e me meter pelos matos em volta, pela várzea do riacho que passava em frente à minha porta, a catar pedrinhas roladas pela correnteza, galhos secos com jeito de mão de bruxa, asa de borboleta desemparelhada, besouro furta-cor, casa de caramujo vazia, que eu imaginava aproveitar como coisas de arte.

Eu virava de novo animal falador só na hora escurecente de ir buscar água no chafariz, onde se ajuntavam as mulheres em espera da vez, a conversar da vida. Delas eu catava palavras e modos de dizer o que ainda não tinha nome certo para mim. Ler eu queria demais, mas já sabia de cor os poucos livros que tinha, folheto de cordel eu preferia ouvir na voz que os entoa nos dias de feira, e me esfomeava de leitura.

Quando me perguntavam, eu não sabia dizer o que estava fazendo ali. Ainda não sabia que estava fazendo prática de poesia. Era estranho pra muita gente a notícia de que eu tinha me metido naquele vão entre serras, tendo nascido e crescido em cidades grandes, perto do mar, lá pro Sul, pra onde a gente daquele lugarzinho corria pra cavar uma vida. Então, às vezes chegava alguém vindo de longe pra me verificar. Foi uma dessas visitas que Manoel aproveitou pra me socorrer, ele que também escapou da cidade pra ir buscar poesia nos matos. A visita veio, xeretou, foi-se embora com sua mochila e, caído num canto de parede, abaixo de um gancho de rede, ficou o livro. Eu me agarrei com aquele livro, e li, li, li até quase decorar como fazia com os poucos que já tinha.

Sou sempre grata pelo que Manoel me ensinou: a primeira coisa foi dar um nome para as miudezas que, desde pequena, eu tinha mania de ajuntar (e até hoje!): *inutensílios*! Mas ele também me fez lembrar e dar novo valor a coisas que eu fazia, ou me disseram que eu fazia, quando era criança. Era tudo prática de poesia, avisou Manoel: ficar horas de cócoras, procurando tatuzinho de jardim, cutucando o pobre pra ele virar bolinha e esperar pacientemente que desvirasse pra cutucar de novo; acompanhar fieira de formiga pra ver onde moravam, querer ouvir a conversa delas com as amigas e inventar de contar conversa de formiga; passar o dia todo amontada num galho de ameixeira, sem descer nem pra comer pão de queijo, esperando uma crisálida borboletar, até escurecer e eu ceder ao sono, pra encontrar no dia seguinte a casquinha vazia e guardá-la nas minhas caixinhas de inutensílios; encurralar lagartixas pra cortar o rabo, assistir à dança do rabo solto e esperar que nascesse outro; cascavilhar o restolho das podas do quintal atrás de coisas nenhumas que para mim eram, e ainda são, preciosas.

Lembrei-me também da minha teimosia de menina santista, moradora de uma beira de canal, a recolher do lixo latas rasas de goiabada de chuchu, com prego e martelo furar o fundo delas como uma peneira, amarrar cordinhas nas beiradas, pendurar-me na mureta do canal 3 e mergulhá-las nas águas pra pescar meus peixinhos e tentar criá-los no tanque de lavar roupa, numa eterna luta contra minha mãe a tratar de me convencer que aquilo não era peixe, era filhote de sapo. Para mim, eram peixinhos e continuam a ser na minha imaginação! Fui criança pescadora!

Quando danei a escrever, depois das lições de Manoel, eu já sabia que palavra é coisa de inventação e, se faltar, a gente pode cortar, emendar, urdir à toa. A mais bonita que eu inventei, acho, foi "espássaros", pra embelezar os urubus avoando, e meus versinhos ficaram assim: "tarde de verão/ deitada na grama fresca/ só vejo espássaros". Penso que se Manoel tivesse lido haveria de gostar. Será?

Nunca pude fazer a romaria que tantos fizeram para ir pedir a bença a seu Manoel, mas quando leio os livros dele e fecho os olhos, juro que o vejo direitinho, sempre sorrindo por baixo daquele bigode e até piscando um olho pra mim, como quem me convida a continuar a brincar com palavras. É como se fosse ele me dando licença pra botar o nome que quiser nos meus inutensílios, e então vou abrir as muitas latas que tenho cheias de caramujos, cacos de coral, cacos de telhas e de tijolos, ou sobras de tábuas e galhos, pedras com formas bonitas, trabalhadas pelas mãos do mar, dos rios, do vento, das areias, apanhados em margens e praias do mundo inteiro, ou pelos cantos de parede, nos restos de demolições, no cisco ao pé das árvores plantadas nas calçadas e outros deslugares por onde passo.

Por tudo isso, não me canso de agradecer, do fundo do coração, ao Manoel de Barros a confirmação de que o bom da vida é colher palavras e inutensílios, que se multiplicaram ao longo da minha vida nômade e me fazem sentir que tudo vale a pena.

Maria Valéria Rezende

LIVRO DE PRÉ-COISAS

Roteiro para uma
excursão poética no Pantanal

PONTO DE PARTIDA

ANÚNCIO

Este não é um livro *sobre* o Pantanal. Seria antes uma anunciação. Enunciados como que constativos. Manchas. Nódoas de imagens. Festejos de linguagem.

Aqui o organismo do poeta adoece a Natureza. De repente um homem derruba folhas. Sapo nu tem voz de arauto. Algumas ruínas enfrutam. Passam louros crepúsculos por dentro dos caramujos. E há pregos primaveris...

(Atribuir-se natureza vegetal aos pregos para que eles brotem nas primaveras... Isso é fazer natureza. Transfazer.)

Essas pré-coisas de poesia.

NARRADOR APRESENTA SUA TERRA NATAL

Corumbá estava amanhecendo.
Nenhum galo se arriscara ainda.
Ia o silêncio pelas ruas carregando um bêbedo.
Os ventos se escoravam nas andorinhas.
Aqui é o Portão de Entrada para o Pantanal.
Estamos por cima de uma pedra branca enorme que o rio Paraguai, lá embaixo, borda e lambe.
Já posso ver na semiescuridão os canoeiros que voltam da pescaria.
Descendo a Ladeira Cunha e Cruz embico no Porto.
Aqui é a cidade velha.
O tempo e as águas esculpem escombros nos sobrados anciãos.
Desenham formas de larvas sobre as paredes podres (são trabalhos que se fazem com rupturas — como um poema).
Arbustos de espinhos com florimentos vermelhos desabrem nas pedras.
As ruínas dão árvores!
Nossos sobrados enfrutam.
Aqui nenhuma espécie de árvore se nega ao gorjeio dos pássaros.
Agora o rio Paraguai está banhado de sol.
Lentamente vão descendo as garças para as margens do rio.
As águas estão esticadas de rãs até os joelhos.
Há um rumor de útero nos brejos que muito me repercute.
O que temos na cidade além de águas e de pedras são cuiabanos, papa-bananas, chiquitanos e turcos.

Por mim, advenho de cuiabanos.
Meu pai jogou canga pra cima no primeiro
escrutínio e fugiu para cá.
Estamos no zamboada.
Aqui o silêncio rende.
Os homens deste lugar são mais relativos a águas do
que a terras.
Há sapos vegetais que dão cria nas pedras.
As pessoas são cheias de prenúncios: chegam de ver
pregos nadar e bugio pedir a bênção.
Quando meus olhos estão sujos da civilização, cresce
por dentro deles um desejo de árvores e aves.
Tenho gozo de misturar nas minhas fantasias o
verdor primal das águas com as vozes civilizadas.
Agora a cidade entardece.
Parece uma gema de ovo o nosso pôr do sol do lado
da Bolívia.
Se é tempo de chover desce um barrado escuro por
toda a extensão dos Andes
e tampa a gema.
— Aquele morro bem que entorta a bunda da
paisagem — o menino falou.
Há vestígios de nossos cantos nas conhas destes
banhados.
Os homens deste lugar são uma continuação das
águas.

EM QUE O NARRADOR VIAJA DE LANCHA AO ENCONTRO DE SEU PERSONAGEM

Deixamos Corumbá tardeando.

Empeixado e cor de chumbo, o rio Paraguai flui entre árvores com sono...

— Onze horas em lombo de água!

A lancha atracou com escuro. Um homem apareceu no barranco, erguendo um farol, e deu boa-noite. Jogaram uma prancha na praia. Por ela desceram passageiros e cargas. Aqui neste lugar, mosquito derruba gente da rede — alguém informou. Noto que o ermo tem boca.

Na outra margem do rio uma casa acendeu. Dois galos ensaiaram. O farol que estava na mão do homem apagou. A lancha apitou despedida. O Porto de Manga está amanhecendo.

Vem um cheiro de currais por perto. Posso ver uma casa nascendo. E um menino recolhendo vacas na semiescuridão.

— Moça foi no mato fazer.

Já diviso um solapão de lontras. Cardeais cruzam os barrancos...

....

Chegam de carro de bois Pocito e Nhá Velina Cuê. Pocito descanga os bois.

— Arruma, Graveto! Separa, Vegetal!

Pocito relenga.

— Boi que amansa amanhece na canga, meu amo. Animal que dá pelo, bentevi caga nele. Bão é pão chão e vão. Ruim é gordura de caramujo e onça ferventada. Oive de mi, xará. Quem não ouve conselho, conselho ouve ele.

Provo as delícias de uma cobra assada que me oferece Nhá Velina. Depois comeremos siputá.

— Este é o portão da Nhecolândia, entrada pioneira para o Pantanal.

Insetos compostos de paisagem se esfarinham na luz. Os cardeais recomeçam...

    Suspensas
sobre o sabão das lavadeiras, miúdas
    borboletas amarelas:
    — Buquê de rosas trêfegas...

CENÁRIOS

UM RIO DESBOCADO

Definitivo, cabal, nunca há de ser este rio Taquari. Cheio de furos pelos lados, torneiral — ele derrama e destramela à toa.

Só com uma tromba-d'água se engravida. E empacha. Estoura. Arromba. Carrega barrancos. Cria bocas enormes. Vaza por elas. Cava e recava novos leitos. E destampa adoidado...

Cavalo que desembesta. Se empolga. Escouceia árdego de sol e cio. Esfrega o rosto na escória. E invade, em estendal imprevisível, as terras do Pantanal.

Depois se espraia amoroso, libidinoso animal de água, abraçando e cheirando a terra fêmea.

Agora madura nos campos sossegado. Está sesteando debaixo das árvores. Se entorna preguiçosamente e inventa novas margens. Por várzeas e boqueirões passeia manheiro. Erra pelos cerrados. Prefere os deslimites do vago, o campinal dos lobinhos.

E vai empurrando, através dos corixos, baías e largos, suas águas vadias.

Estanca por vezes nos currais e pomares de algumas fazendas. Descansa uns dias debaixo das pimenteiras, dos landis, dos guanandis — que agradecem.

De tarde à sombra dos cambarás pacus comem frutas.

Meninos pescam das varandas da casa.

Com pouco, esse rio se entedia de tanta planura, de tanta lonjura, de tanta grandura — volta para sua caixa. Deu força para as raízes. Alargou, aprofundou alguns braços ressecos. Enxertou suas areias. Fez brotar sua flora. Alegrou sua fauna. Mas deixou no Pantanal um pouco de seus peixes.

E emprenhou de seu limo, seus lanhos, seu húmus — o solo do Pantanal.

Faz isso todos os anos, como se fosse uma obrigação.

Tão necessário, pelo que tem de fecundante e renovador, esse rio Taquari, desbocado e malcomportado, é temido também pelos seus ribeirinhos.

Pois, se livra das pragas nossos campos, também leva parte de nossos rebanhos.

Este é um rio cujos estragos compõem.

AGROVAL

> ... onde pululam vermes de animais e
> plantas e subjaz um erotismo criador genésico.
> M. CAVALCANTI PROENÇA

Por vezes, nas proximidades dos brejos ressecos, se encontram arraias enterradas. Quando as águas encurtam nos brejos, a arraia escolhe uma terra propícia, pousa sobre ela como um disco, abre com as suas asas uma cama, faz chão úbere por baixo — e se enterra. Ali vai passar o período da seca. Parece uma roda de carreta adernada.

Com pouco, por baixo de suas abas, lateja um agroval de vermes, cascudos, girinos e tantas espécies de insetos e parasitas, que procuram o sítio como um ventre.

Ali, por debaixo da arraia, se instaura uma química de brejo. Um útero vegetal, insetal, natural. A troca de linfas, de reima, de rúmen que ali se instaura é como um grande tumor que lateja.

Faz-se debaixo da arraia a miniatura de um brejo. A vida que germinava no brejo transfere-se para o grande ventre preparado pela matrona arraia. É o próprio gromel dos cascudos!

Penso na troca de favores que se estabelece; no mutualismo; no amparo que as espécies se dão. Nas descargas de ajudas; no equilíbrio que ali se completa entre os rascunhos de vida dos seres minúsculos. Entre os corpos truncados. As teias ainda sem aranha. Os olhos ainda sem luz. As penas sem movimento. Os remendos de vermes. Os bulbos de cobras. Arquétipos de carunchos.

Penso nos embriões dos atos. Uma boca disforme de rapa-canoa que começa a querer se grudar nas coisas.

Rudimentos rombudos de um olho de árvore. Os indícios de ínfimas sociedades. Os liames primordiais entre paredes e lesmas. Também os germes das primeiras ideias de uma convivência entre lagartos e pedras. O embrião de um muçum sem estames, que renega ter asas. Antepassados de antúrios e borboletas que procuram uma nesga de sol.

Penso num comércio de frisos e de asas, de sucos de sêmen e de pólen, de mudas de escamas, de pus e de sementes. Um comércio de cios e cantos virtuais; de gosma e de lêndeas; de cheiro de íncolas e de rios cortados. Comércio de pequenas jias e suas conas redondas. Inacabados orifícios de tênias implumes. Um comércio corcunda de armaus e de traças; de folhas recolhidas por formigas; de orelhas-de-pau ainda em larva. Comércio de hermafroditas de instintos adesivos. As veias rasgadas de um escuro besouro. O sapo rejeitando sua infame cauda. Um comércio de anéis de escorpiões e sementes de peixe.

E ao cabo de três meses de trocas e infusões — a chuva começa a descer. E a arraia vai levantar-se. Seu corpo deu sangue e bebeu. Na carne ainda está embutido o fedor de um carrapato. De novo ela caminha para os brejos refertos. Girinos pretos de rabinhos e olhos de feto fugiram do grande útero, e agora já fervem nas águas das chuvas.

É a pura inauguração de um outro universo. Que vai corromper, irromper, irrigar e recompor a natureza.

Uma festa de insetos e aves no brejo!

VESPRAL DE CHUVA

Nem folha se move de árvore. Nenhum vento. Nessa hora até anta quer sombrear. Peru derrubou a crista. Ruminam algumas reses, deitadas na aba do mato. Cachorro produziu chão fresco na beira do rancho e deitou-se. Arichiguana foi dormir na serra. Rãs se ajuntam detrás do pote. Galinhas abrem o bico. Frango-d'água vai sestear no sarã. O zinco do galpão estala de sol. Pula o cancã na areia quente. Jaracambeva encurta o veneno. Baratas escondem filhotes albinos. E a voz de certos peixes fica azul.

Faz muito calor durante o dia. Sobre a tarde cigarras destarraxam. De noite ninguém consegue parar. Chuva que anda por vir está se arrumando no bojo das nuvens. Passarinho já compreendeu, está quieto no galho. Os bichos de luz assanharam. Mariposas cobrem as lâmpadas. Entram na roupa. Batem tontas nos móveis. Suor escorre no rosto.

Todos sentem um pouco na pele os prelúdios da chuva. Um homem foi recolher a carne estendida no tempo — e na volta falou: — Do lado da Bolívia tem um barrado preto. Hoje ele chove!

No oco do acurizeiro o grosso canto do sapo é contínuo. Aranhas-caranguejeiras desde ontem aparecem de todo lado. Dão ares que saem do fundo da terra.

Formigas de roseiras dormem nuas. Lua e árvore se estudam de noite.

Por dentro da alma das árvores, orelha-de-pau está se preparando para nascer. Todo vivente se assanha. Até o inseto de estrume está se virando. Se ouve bem de perto o assobio dos bugios na orla do cerrado. Cupins estão levantando andaimes. Camaleão anda de farda.

O homem foi reparar se as janelas estão fechadas. Mulheres cobrem espelhos. Se sente por baixo do pomar o assanhamento das porcas. Em véspera de chuva o cio das porcas se afrouxa. Como os areais.

Lobinho veio de noite até perto do galinheiro e fugiu. Relâmpagos mostram cavalos dormindo, em pé, sob os ingazeiros. Mostraram também os lobinhos.

Tudo está preparado para a vinda das águas. Tem uma festa secreta na alma dos seres. O homem nos seus refolhos pressente o desabrochar.

Caem os primeiros pingos. Perfume de terra molhada invade a fazenda. O jardim está pensando... Em florescer.

MUNDO RENOVADO

No Pantanal ninguém pode passar régua. Sobremuito quando chove. A régua é existidura de limite. E o Pantanal não tem limites.

Nos pátios amanhecidos de chuva, sobre excrementos meio derretidos, a surpresa dos cogumelos! Na beira dos ranchos, nos canteiros da horta, no meio das árvores do pomar, seus branquíssimos corpos sem raízes se multiplicam.

O mundo foi renovado, durante a noite, com as chuvas. Sai garoto pelo piquete com olho de descobrir. Choveu tanto que há ruas de água. Sem placas sem nome sem esquinas.

Incrível a alegria do capim. E a bagunça dos periquitos! Há um referver de insetos por baixo da casca úmida das mangueiras.

Alegria é de manhã ter chovido de noite! As chuvas encharcaram tudo. Os baguaris e os caramujos tortos. As chuvas encharcaram os cerrados até os pentelhos. Lagartos espaceiam com olhos de paina. Borboletas desovadas melam. Biguás engolem bagres perplexos. Espinheiros emaranhados guardam por baixo filhotes de pato. Os bulbos das lixeiras estão ensanguentados. E os ventos se vão apodrecer!

Até as pessoas sem eira nem vaca se alegram. E as éguas irrompem no cio os limites do pátio. Um cheiro de ariticum maduro penetra as crianças. Fugiram dos buracos cheios de água os ofídios lisos. E entraram debaixo dos fogões de lenha. Os meninos descobrem de mudança formigas-carregadeiras. Cupins constroem seus túneis. E há os bentevis-cartola nos pirizeiros de asas abertas.

Um pouco do pasto ficou dentro d'água. Lá longe, em cima da peúva, o ninho do tuiuiú, ensopado. Aquele ninho fotogênico cheio de filhotes com frio!

A pelagem do gado está limpa. A alma do fazendeiro está limpa. O roceiro está alegre na roça, porque sua planta está salva. Pequenos caracóis pregam saliva nas roseiras. E a primavera imatura das araras sobrevoa nossas cabeças com sua voz rachada de verde.

CARRETA PANTANEIRA

As coisas que acontecem aqui, acontecem paradas. Acontecem porque não foram movidas. Ou então, melhor dizendo: desacontecem.

Dez anos de seca tivemos. Só trator navegando, de estadão, pelos campos.

Encostou-se a carreta de bois debaixo de um pé de pau. Cordas, brochas, tiradeiras — com as chuvas, melaram. Dos canzis, por preguiça, alguns faziam cabos de reio. Outros usavam para desemendar cachorro. Os bois, desprezados, iam engordando nos pastos. Até que os donos, não resistindo tanta gordura, os mandavam pro açougue. Fazendeiro houve, aquele um, que, havendo de passear pela Europa, enviou bilhete ao gerente: "Venda carreta, bois do carro, cangas de boi".

À sombra do pé de pau a carreta se entupia de cupim. A mesa, coberta de folha e limos, se desmanchava, apodrecente. Chegaram a tirar mel na cambota de uma. Cozinheiros de comitiva, acampados debaixo da carreta, chegavam de usar o cabeçalho para tirar gravetos. Enchia-se o rodado de pequenas larvas, que ali se reproduziam, quentes. Debaixo da carreta, no chão fresco, os buracos na areia, para onde os cachorros e os perus velhos corriam fugindo do sol. E a carreta ia se enterrando no chão, se desmanchando, desaparecendo.

Isso fez que o rapaz, vindo de fora pescar, relembrasse a teoria do Pantanal estático. Falava que no Pantanal as coisas não acontecem através de movimentos, mas sim do não movimento.

A carreta pois para ele desaconteceu apenas. Como haver uma cobra troncha.

LIDES DE CAMPEAR

Na *Grande Enciclopédia Delta-Larousse*, vou buscar uma definição de pantaneiro: "Diz-se de, ou aquele que trabalha pouco, passando o tempo a conversar".

Passando o tempo a conversar pode que se ajuste a um lado da verdade; não sendo inteira verdade. Trabalha pouco, vírgula.

Natureza do trabalho determina muito. Pois sendo a lida nossa de a cavalo, é sempre um destampo de boca. Sempre um desafiar. Um porfiar inerente. Como faz o bacurau.

No conduzir de um gado, que é tarefa monótona, de horas inteiras, às vezes de dias inteiros — é no uso de cantos e recontos que o pantaneiro encontra o seu ser. Na troca de prosa ou de montada, ele sonha por cima das cercas. É mesmo um trabalho na larga, onde o pantaneiro pode inventar, transcender, desorbitar pela imaginação.

Porque a maneira de reduzir o isolado que somos dentro de nós mesmos, rodeados de distâncias e lembranças, é botando enchimento nas palavras. É botando apelidos, contando lorotas. É, enfim, através das vadias palavras, ir alargando os nossos limites.

Certo é que o pantaneiro vence o seu estar isolado, e o seu pequeno mundo de conhecimentos, e o seu pouco vocabulário — recorrendo às imagens e brincadeiras.

Assim, o peão de culatra é bago de porco — porque vem por detrás. Pessoa grisalha é cabeça de paina. Cavalo corredor é estufador de blusa. Etc. etc.

Sente-se pois então que árvores, bichos e pessoas têm natureza assumida igual. O homem no longe, alongado quase, e suas referências vegetais, animais. Todos se fundem na mesma natureza intacta. Sem as químicas do civilizado. O velho quase animismo.

Mas na hora do pega pra capar, pantaneiro puxa na força, por igual. No lampino do sol ou no zero do frio.

Erroso é pois incutir que pantaneiro pouco trabalha. Ocorre que enxertar a vaca a gente não pode ainda. Esse lugar é difícil de se exercer pelo touro. Embora alguns o tentem.

Vaca não aceita outro que não seja touro mesmo. O jeito é ficar reparando a cobertura e contando mais um bezerro daquele ato.

Só por isso se diz que o boi cria o pantaneiro.

NOS PRIMÓRDIOS

Era só água e sol de primeiro este recanto. Meninos cangavam sapos. Brincavam de primo com prima. Tordo ensinava o brinquedo "primo com prima não faz mal: finca finca". Não havia instrumento musical. Os homens tocavam gado. As coisas ainda inominadas. Como no começo dos tempos.

Logo se fez a piranha. Em seguida os domingos e feriados. Depois os cuiabanos e os beira-corgos. Por fim o cavalo e o anta batizado.

Nem precisaram dizer crescei e multiplicai. Pois já se faziam filhos e piadas com muita animosidade.

Conhecimentos vinham por infusão pelo faro dos bugres pelos mascates.

O homem havia sido posto ali nos inícios para campear e hortar. Porém só pensava em lombo de cavalo. De forma que só campeava e não hortava.

Daí que campear se fez de preferência por ser atividade livre e andeja. Enquanto que hortar prendia o ente no cabo da enxada. O que não era bom.

No começo contudo enxada teve seu lugar. Prestava para o peão encostar-se nela a fim de prover seu cigarrinho de palha. Depois, com o desaparecimento do cigarro de palha, constatou-se a inutilidade das enxadas.

— O homem tinha mais o que não fazer!

Foi muito soberano mesmo no começo dos tempos este cortado. Burro não entrava em seus pastos. Só porque *burro não pega perto*.* Porém já hoje há quem trate os burros como cavalo. O que é uma distinção.

---

* *Burro não pega perto* é expressão pantaneira. Nas lides de campear o pantaneiro usa o cavalo, que é veloz e alcança a rês desgarrada rapidamente. O cavalo pega perto. Mas o burro, não sendo veloz, alcança longe a rês desgarrada. Por isso se diz que o *burro não pega perto*. (N. A.)

O PERSONAGEM

1. NO PRESENTE

Quando de primeiro o homem era só, Bernardo era. Veio de longe com a sua pré-história. Resíduos de um Cuiabá-garimpo, com vielas rampadas e crianças papudas, assistiram seu nascimento.

Agora faz rastros neste terreiro. Repositório de chuva e bosta de ave é seu chapéu. Sementes de capim, algumas, abrem-se de suas unhas, onde o bicho-de-porco entrou cresceu e já voou de asa e ferramentas.

De dentro de seus cabelos, onde guarda seu fumo, seus cacos de vidro, seus espelhinhos — nascem pregos primaveris!

Não sabe se as vestes apodrecem no corpo senão quando elas apodrecem.

É muito apoderado pelo chão esse Bernardo. Seu instinto seu faro animal vão na frente. No centro do escuro se espraiam.

Foi resolvida em língua de folha e de escama, sua voz quase inaudível. É que tem uma caverna de pássaros dentro de sua garganta escura e abortada.

Com bichos de escama conversa. Ouve de longe a botação de um ovo de jacaroa. Sonda com olho gordo de hulha quando o sáurio amolece a oveira. Escuta o ente germinar ali ainda implume dentro do ventre. Os embriões do ovo ele vislumbra prazenteiro. Ri como fumaça. Seu maior infinito!

Quando o corpo do sáurio se espicha no areão, a fim de delivrar-se, Bernardo se ilumina. Pequena luzerna no pavio de seu olho brandeia. A jacaroa e ele se miram imaculados. A própria ovura!

Passarinhos do mato bentevi joão-ferreira sentam no ombro desse bandarra para catar imundícia orvalho insetos.

Só dá de banda.

Nos fundos da cozinha onde se jogam latas de vermes ávidos, lesma e ele se comprazem. Teias o alcançam. Lagartas recortam seu dólmã verdoso. Formigas fazem-lhe estradas...

Unge com olho as formigas.

No pátio cachorro acua ele. (Pessoas com ar de quelônio cachorro descompreende.) Galinhas bicoram seu casco.

Mal desenxerga.

(Nem mosca nem pedrada desviam ele de ser obscuro.)

Bernardo está pronto a poema. Passa um rio gorjeado por perto. Com as mãos aplaina as águas.

Deus abrange ele.

2. NO SERVIÇO (VOZ INTERIOR)

O que eu faço é servicinho à toa. Sem nome nem dente. Como passarinho à toa. O mesmo que ir puxando uma lata vazia o dia inteiro até de noite por cima da terra. Mesmo que um caranguejo se arrastando pelo barranco à procura de água vem um boi e afasta o rio dele com as patas para sempre. O que eu ajo é tarefa desnobre. Coisa de nove noves fora: teriscos, nhame-nhame, de-réis, niilidades, oco, borra, bosta de pato que não serve nem pra esterco. Essas descoisas: moscas de conas redondas, casulos de cabelo. Servicinho de pessoa Quarta-Feira que sai carregando uma perninha de formiga dia de festa. De modo que existe um cerco de insignificâncias em torno de mim: atonal e invisível. Afora pastorear borboletas, ajeito éguas pra jumento, ensino papagaio fumar, assobio com o subaco. Serviço sem volume nem olho: ovo de vespa no arame. Tudo coisinhas sem veia nem laia. Sem substantivo próprio. Perna de inseto, osso de morcego, tripa de lambari. Serviço com natureza vil de ranho. Tudo sem pé nem cunhado. Tem hora eu ajunto ciscos debaixo das portas onde encontro escamas de pessoas que morreram de lado. Meu trabalho é cheio de nó pelas costas. Tenho de transfazer natureza. À força de nudez o ser inventa. Água recolhendo-se de um peixe. Ou, quando estrelas relvam nos brejos. No meu serviço eu cuido de tudo quanto é mais desnecessário nessa fazenda. Cada ovo de formiga que alimenta a ferrugem dos pregos eu tenho de recolher com cuidado. Arrumo paredes esverdeadas pros caramujos foderem. Separo os lagartos com indícios de água dos lagartos com indícios de pedra. Cuido das larvas tortas. Tenho de ter em conta o limo e o ermo. Dou comida pra porco. Desencalho harpa dos brejos. Barro meu terreiro. Sou objeto de roseiras. Cuido dos súcubos e dos narcisos. E quando cessa o rumor das violetas desabro. Derrubo folhas de tarde. E de noite empedreço. Amo desse trabalho. Todos os seres daqui têm fundo eterno.

3. NO TEMPO DE ANDARILHO

Prospera pouco no Pantanal o andarilho. Seis meses, durante a seca, anda. Remói caminhos e descaminhos. Abastece de perna as distâncias. E, quando as estradas somem, cobertas por águas, arrancha.

O andarilho é um antipiqueteiro por vocação. Ninguém o embuçala. Não tem nome nem relógio. Vagabundear é virtude atuante para ele. Nem é um idiota programado, como nós. O próprio esmo é que o erra.

Chega em geral com escuro. Não salva os moradores do lugar. Menos por deseducado. Senão que por alheamento e fastio.

Abeira-se do galpão, mais dois cachorros, magros, pede comida, e se recolhe em sua vasilha de dormir, armada no tempo.

Cedo, pela magrez dos cachorros que estão medindo o pátio, toda a fazenda sabe que Bernardão chegou. "Venho do oco do mundo. Vou para o oco do mundo." É a única coisa que ele adianta. O que não adianta.

Tem sempre um ar altivo de quem vê pedra nadando, esse Bernardão. Não aceita brincadeiras. Não monta no porco. É coisa indefinida. Igual um caramujo irrigado. Anda na terra como quem desabrocha. E não inventa remédios para ficar mais inteiro.

Enquanto as águas não descem e as estradas não se mostram, Bernardo trabalha pela boia. Claro que resmunga. Está com raiva de quem inventou a enxada. E vai assustando o mato como um feiticeiro.

Os *hippies* o imitam por todo o mundo. Não faz entretanto brasão de seu pioneirismo. Isso de entortar pente no cabelo intratável ele pratica de velho. A adesão pura à natureza e a inocência nasceram com ele. Sabe plantas e peixes mais que os santos.

Não sei se os jovens de hoje, adeptos da natureza, conseguirão restaurar dentro deles essa inocência. Não sei se conseguirão matar dentro deles a centopeia do consumismo.

Porque já desde nada, o grande luxo de Bernardo é ser ninguém. Por fora é um galalau. Por dentro não arredou de criança. É ser que não conhece ter. Tanto que inveja não se acopla nele.

4. UM AMIGO

Vê-se que não comeu sebo de égua o cágado. À procura de água, desce o cerrado, no pino do sol, tardoso e raro. É o próprio esquisitão que aprendeu paciência sem cartilha. O ínvio nato. O antióbvio.

Está ali esse pobre-diabo. Desmancha cem anos, dizem, no seu desviver. Pois o suco do amor até hoje ninguém viu escorrer de seus lábios. Não tem lábios nem artes. Penso no seco do verde quando o encontro. Dá-me a impressão de alguém obscuro que vem de lugar nenhum e vai para nada todos os dias. E penso na voz de chão podre que tem nos seus abismos.

Seu jeito de andar é de quem está chegando de um bueiro. Há sempre sinais de incêndios e de limos na sua casca loteada. E um crespo ardor de chuvas extintas.

Está aí esse indivíduo cágado. Sem poder criar raízes sobre nada. Seu corpo não conhece o espojar-se na terra e nem o frescor das águas. Toma banho de casca e tudo. A mim me parece um castigo alguém não conhecer na carne o frescor de águas correntes.

É cheio de vestígios do começo do mundo, por isso nos parece inacabado. Mas quando metade da terra estava por decidir se seria de pedra ou de água — já estava decidida a sua desforma. E quando ainda ninguém ousava de prever se o inseto nasceria de uma planta ou de uma larva — já ele estava deformado e pronto. O cágado é pois uma coisa sem margens; feio por igual; feio sem defeito.

Só quando acha no cerrado um ninho de pitangas, exulta-se o cágado. E se nos paus apodrecidos um coró abre para ele suas folhas brancas — aí dança de lado. E deita o pescoço para fora. E sente os odores do sol.

Agora está aí o pobre cágado. Alguém o trouxe do campo e o largou no quintal, em volta da cozinha, no chão rico de restos de comida e crianças.

No começo os meninos suspenderam o fôlego. Ficaram de longe cubando. Veio a galinha xereta, arrastou asa, mexericou com as outras, arriscou uma bicada no casco, e saiu ciscando como se visse macaco venéreo.

Depois o cachorro, cauto, cheirou o indefinido e foi deitar-se, de guarda. Papagaio espiou e saiu andando de lado. Papagaio quando anda de lado examina. Um garoto estava de cócoras defronte da janelinha do cágado e via a cabeça mover-se obscena.

Logo porém se acostumaram todos. O cágado já comia folhas de alface. E os meninos começaram a montar.

Só não conseguiram apertar a chincha!

5. NA MOCIDADE, FEITO LOBISOMEM

Pantanal é muito propício a assombrações. Principalmente lobisomens, que são uma espécie de assombração que bebe leite.

Houve quem tenha visto até lobisomem de chinelo. Vento que sopra na folha do rancho pode que seja. Passos no quarto da moça, imitando com passo de gente, já ouvi chamar de lobisomem. Parente de viúva aparece muito de noite. Pede mingau, pede vela e se vai. Às vezes até pede para a viúva acompanhá-lo do outro lado do mato, a fim que não fique extraviado o errante por esses cerradões de três pelos.

Outros são de rondar cozinha (Bernardão era). Rogam tições pras cozinheiras. Conversam de cunhado e acabam tomando cafezinho arretado.

Tem gente que não conhece lobisomem de vista. É muito difícil mesmo. Houve quem enviasse bilhete em pescoço de cachorro marcando encontro na hora que a lua tiver arta. Fazem caprichos.

São mansos de coçar entretanto esses lobisomens. Explicam bem o avesso: ou, aliás, isto é: não se explicam. Andam ora de joelhos, como quatis baleados, ora mancam. Nas estradas, de noite, por disfarce, até mijam pra trás, mulhermente. Dizem que falam fanho, se chamam de cunhados e se fedem. Pulam na grama de pés juntos como as locustas. São entes muito hábeis. Os escuros conhecem de apalpos. Têm os olhos desúteis.

Pantanal tem muitos veios para esses indumentos. Quem termina de inteirar cem anos vira serepente. Foi o caso de uma velha Honória. Outubro ela sumiu de casa e tardou comprido. Dezembro apareceu de escamas na beira da vazante. Estava pisada na cacunda e os joelhos criaram cascão de tanto andar no tijuco. A língua muito fininha, ofídica, assoprava agora como no tempo de pegar a arca de Noé. Mesmo até raios de sol às vezes nela tremblavam. Hora teve que não se podia mais dizer se era ave estrupício ou peixe-cachorro.

Bernardo, de tarde, o filho mais velho, levava farofa pra velha, e fósforo. Fazia mossa era ver como passeava sozinha, no meio das capivaras, de cola erguida.

Heróis gregos viravam de rochas de anêmonas de água — frequentemente. Porém desviravam logo, ao primeiro gesto de amor.

Velha Honória parece que não pretende desvirar. Nem que a chamem de *darling*.

Ama de andar na beira da vazante todas as noites com ar de serepente aberta. Irmã de lobisomens. Cruza de urubu com porca.

6. RETRATO DE IRMÃO

Era um ente irresolvido entre vergôntea e lagarto. Tordos que externam desterro sentavam nele. Sua voz era curva pela forma escura da boca. (Voz de sótão com baratas luminosas.) Dava sempre a impressão que estivesse saindo de um bueiro cheio de estátuas. — Conforme o viver de um homem, seu ermo cede — ensinava. Era a cara de um lepidóptero de pedra. E tinha um modo de lua entrar em casa.

Deixou-nos um *TRATADO DE METAMORFOSES* cuja Parte XIX, *Livro de pré-coisas*, transcrevemos.

LIVRO DE PRÉ-COISAS

Tudo, pois, que rasteja partilha da terra.
            HERÁCLITO

Andava atrás das casas, como um corgo urbano,
entre latas podres e rãs.

•

Sorna lagarta curta recorta a roupa de um osso.

•

Minhocas arejam a terra; poetas, a linguagem.

•

Se no tranco do vento a lesma treme,
no que sou de parede a mesma prega;
se no fundo da concha a lesma freme,
aos refolhos da carne ela se agrega;
se nas abas da noite a lesma treva,
no que em mim jaz de escuro ela se trava;
se no meio da náusea a lesma gosma,
no que sofro de musgo a cuja lasma;
se no vinco da folha a lesma escuma,
nas calçadas do poema a vaca empluma!

•

Vaga-lumes driblam a treva.

•

Esse jarro aromal e seus vermes cor de vinho!
(A avidez do obscuro é que me estorva.)

•

Os rios começam a dormir pela orla.

•

Pois o que disse Joyce foi que o arame farpado
quem inventou foi uma freira, para amarrar na
cintura dela quando viesse a tentação.

•

Essa abulia vegetal sapal pedral — não será de
ele ter sido ontem árvore?

•

Um canteiro de larvas estrábicas, o brejo.

•

Baratas glabras se fedem nas dobras.

•

Restolho tem mais força do que o tronco. Isso
é uma desteoria que ele usava. Depois: *Viva a
ascensão do restolho!* (Palavras de Chico Miranda.)

•

Sapo nu tem voz de arauto.

•

O peixe-cachorro

Era um peixe esquisito pra cachorro:
Cruza de lobisomem com tapera?
Filho de jacaré com cobra-d'água? Ou
Simplesmente cachorro de indumentos?

Era muito esquisito para peixe
E pra cachorro lhe faltava andaime.
Uma feição com boca de curimba
E o traseiro arrumado para entrega.

Se peixe, o rabo empresta ao liso campo
Um andar de moreia atravancada.
Sendo cachorro não arranca a espada?

Difícil de aceitar esse estrupício
Como um peixe; ainda que nade.
Pra cachorro não cabe no possível.

•

Flores engordadas nos detritos até falam!

•

Sapos com rio atrás de casa atraem borboletas amarelas.

•

— Eu briguei *naquele* menino com uma pedra... Crianças desescrevem a língua. Arrombam as gramáticas. (Como um cálice lilás de beco!)

•

Os grilos de olhos sujos se criam nos armazéns.

•

Bicho acostumado na toca encega com estrela.

•

Eu havia de pedir desculpas sobre a esperança. Olhares que pesavam malvas. Esterco fumegante. O sangue escuro como um corte ácido no vaso de uma rês. Tudo me perturbava. E mais abaixo, sobre o estrado da cama, aquele cheiro de sol na boca atormentada de uma fêmea.

•

Ovo de lobisomem não tem gema.

•

Lagarto apressado atravessa o terreiro. Olho de angu.

•

No garfo da árvore seca uma casa de
amassa-barro! Ele edifica com lama. A gula
do podre influi em seus traços. Porém. No que
edifica o sol tem raios túrgidos.

•

No lodo, apura o estilo, o sapo.

•

Ermo se toca em sanfona.

•

Raiz de caracol, no lodo, dilui-se.

•

Se tem pacu no rio, de manhã desventa.

•

Cortázar conta que quando alguma expressão
lhe queria sujar, ele a camuflava. Assim:
espectador ativo virou *Hespectador Hativo*. Com
essas vestimentas de hh, aquele lugar-comum
não lhe sujava mais.

•

Marandovás me ensinam, com seu corpo de
sanfona, a andar em telhas.

•

Formiga de bunda principal em pé de fedegoso
anda entortada.

•

De tarde, iminente de lodo, ia sentar-se no
banco do jardim. (Diminuíram o seu jardim
de 40 roseiras e uns vermes.)
Lesmava debaixo dos bancos. O homem
sentia-se em ruínas: um lanho em vez de torso
era sua metáfora.
As ruínas só serviam para guardar civilizações
e bosta de sapo.
Amava caracóis pregados em palavras.

•

Um rio tomado banho pelos tordos depura-se.

•

7. A VOLTA (VOZ INTERIOR)

Por aqui é tudo plaino e bem arejado pra céu. Não há lombo de morro pro sol se esconder detrás. Ocaso encosta no chão. Disparate de grande este cortado. Nem quase não tem lado por onde a gente chegar de frente nele. Mole campanha sem gumes. Lugares despertencidos. Gente ficava isolado. O brejo era bruto de tudo. Notícias duravam meses. Mosquito de servo era nuvem. Entrava pela boca do vivente. Se bagualeava com lua. Gado comia na larga. Mansei muito animal chucro nesses inícios. Já hoje não monto mais. Não presto mais pra cavalo. Pulo não vedo nenhum. Sou traste de cozinheira. No enxurro parei aqui. Enganchei na pouca força. Dei rodeio neste quintal. Do mundo sei reunido, entretanto. Sou macaco pra lá de cipriano. Ninguém me engana com bolo. Nem me desvenda com caneta. Seráficas são as pedras. Serviço em roda de casa engorda é cachorro. Jogo canga e cambão pra cima. Raiz é que acha a lama pura. De tarde passarinho me descobre. Eu toco minha vida com 70 flautas. Beleza e glória das coisas o olho é que põe. Bonito é o desnecessário. É pelo olho que o homem floresce. Ver a tarde secando em cima de uma garça... Atrás das árvores tortas nascem as horas mais prístinas. E só debaixo do esterco besouros têm arrebóis. O que sei aprendi no galpão. Desde ir em égua. Leitura não tive quase. Não tenho apetrechos de idioma. Palavras não têm lado de amontar comigo, entretanto. Tudo tem seus lampejos e leicenços. A língua é uma tapagem. E tão subterrânea a instalação das palavras em meu canto como os silêncios conservados no amarelo.

8. A FUGA (VOZ INTERIOR)

De Quarta-Feira tenho só feição. Gosto de moça praticada e de estribar comprido. Gosto de tordos com rio e de ocelados gaviões-fumaça. Saí do poder de meu padrinho com 18 anos. Correr as cercas do mundo. E pois! Rosado não é o canto do sabiá que vem de longe? Fui no aceno do pássaro. Exceção não se abriu pra mim. Nadei sem água por baixo. No quartel fui anspeçada. Puxei muar de sargento. Vi bugio tocar comércio. Tirei urinol de padre. Usei égua de sacristão. Peguei reza de empreitada. Hoje benzo bicheiras à distância. Desmancho mal de prepúcio. Porém uso os mistérios com cuidado. Porque ninguém não sabe ainda adonde que começa o fim do arcano nem o começo da roda. Hoje estou comparado com árvore. Sofrimento alcandorou-me. Meu olho ganhou dejetos. Vou nascendo de meu vazio. Só narro meus nascimentos. Sou trinado por lírio como os brejos. Eu tenho pretensões pra tordo. É nos loucos que grassam luarais. Sei muitas coisas das cousas. Hai muitas importâncias sem ciência. Sei que os rios influem na plumagem das aves. Que vespas de conas frondosas produzem mel azulado. E as casas com rio nos fundos adquirem gosto de infância. Isso eu sei de me ser. Falando é que não se entende. Difícil é pregar moringas em paredes. E totalmente eu prego. Caminho de urubu pois não tem pedras. Não somos com detrimentos. No mais são caracóis e cios de roseiras.

9. DE CALÇAS CURTAS

Pôr freio em cachorro e montar de espora. Pealar porco no quintal. Correr na chuva de prancha. Pelotear passarinhos e soprar no cu dos semimortos a fim de que ressuscitem. Fazer besouro nadar em querosene. Plantar goiabeira com máquina-corpo.* Cangar grilos. Fazer gato cabrestear. Regaçar lagarto assustado. Experimentar se cágado entorta chaira mesmo com o sesso. Dar banho de álcool em urubu e soltar com fogo pra ver incêndio no céu. Enfiar vento no cordão. Destarraxar o traseiro dos gafanhotos. Fazer retinir a luzerna dos vaga-lumes. Desemendar cachorro com água pelando. Passar taligrama no mato. Fazer barata dormir de costas. Assobiar com o subaco. Esfregar pimenta no olho do irmãozinho. Matar bentevi a soco. Capar gato com caco de vidro. Sondar as priminhas no banho. Botar saracura na soga pra chamar chuva. Enfiar ferro em brasa na cona das jacaroas. Andar de árvore nos corixos. Espremer sumo de laranja no olho do sapo pra ver se arregala o horizonte. Arrolhar galinhas com sabuco. Botar coração de anu-branco torrado na cabeça da namorada pra fim do corpo dela amolecer. Cortar procissão de formiga na força do mijo. Ouvir lesma foder na pedra.

---

* *Plantar goiabeira com máquina-corpo* seria defecar no campo ou no quintal depois de comer goiaba com caroço. Dessa forma, aparecem pelos campos muitos pés de goiaba plantados com o corpo. (N. A.)

10. DOS VEIOS ESCATOLÓGICOS

Na Vila não se praticavam latrinas. Donas desabavam em urinóis. E os homens no mato. Os porcos seguiam os homens pelos trilheiros que davam no mato. As lides de cagar facilitavam encontros de amor. A ponto de um viajante verter no caderno de notas. "Aqui as pessoas se filham no mato com vera competência, qual os porcos nas vielas, de forma que se pare espraiado e nascem crianças papudas e idiotas de igrejas como cupim. Lugar onde se fode e se caga no mato há de ser este!!!" (Desse jeito — !!! — com três pontos de admiração.) Na hora do homem fazer força, quando a vaidade se acaba, justo aí chegavam os porcos famintos e, lhes entrando nos homens por debaixo, saíam com eles nas costas, quando lhes não prostravam na própria obra. De forma que *sujos de suas obras*, como se lê no Eclesiastes. Montados ainda no porco, alguns homens entravam na Vila, na maior sengraceira, com cara de cachorro que peidou na igreja.

A fim de evitar tais vexames, depois de muito craniar, engenhoso cidadão e exemplar paroquiano inventou o Pau-Pra-Porco. Instrumento esse de madeira medindo uma bengala de lorde, chanfrada a facão, com que os homens na hora de descomer bordoavam os porcos que lhes tentassem derrubar na própria plastra. O engenhoso paroquiano abastou-se em de-réis, e se tornou o rei do Pau-Pra-Porco. Com venda do mesmo nome no beco principal. Desse tempo pra cá ninguém mais apareceu na Vila montado no porco.

Na beira do Tanque da Praça da Matriz, o poeta Neco Caolho versava pras moças vergonhosas — "No dia em que me achei cagando ao vento..." bocagemente, ao de cócoras. Dava um prazer fróidico no sacristão em desmoçar as beatas dentro do Tanque, entre rãs prenhas. A égua velhaca da Praça só entregava pra ele. Era de ver a mansura da égua com o sacristão. Toda essa universal cristandade se transmitia pelo sangue.

Em 1926, o antropólogo Claude Lévi-Strauss, de viagem por ali, notou a pobreza dos móveis que encontrou no interior das residências. Dois ou três mochos na sala, arames de estender roupas nos quartos servindo de armário — e redes. Redes armadas por todos os cantos. Redes muitas de varandas artísticas, servindo de vasilhas de dormir e de sestear. No hábito de sestear ao mormaço do meio-dia se amulheravam e se afilhavam também. A blandícia do mormaço engendrava crianças. Se usavam demais os dedos nos barrotes a fim de impulsionar as redes. Davam-se cópulas balançadas e refrescantes. Assim, os barrotes dos quartos sempre estavam furados. E por eles podiam-se ver as primas nos urinóis. Coisa imanente e afrodisíaca, que muito deve ter influído nas tendências voyeurísticas daquele povo. Bem como o hábito do guaraná que é bebida afrodisíaca, porém no seu ralar e não na substância da bebida. Eis que no ralar a mulher meneia os quadris. E o desejo dos homens provém do mover dos quadris. Coisa que eu não descreio.

Pois foi esse o povo ladino, sensual e andejo que um dia atravessando o rio Taquari encheu de filhos e de gado o que se chama hoje, no Pantanal, a zona da Nhecolândia.

PEQUENA HISTÓRIA NATURAL

1. DE URUBU

Aqui, no fim das enchentes, urubus andam de a pé. Quase nem precisam mais de avoar. Só caminham de banda, finórios, saltando de uma para outra carniça, lampeiros.

De outro modo, urubu é omnipresente. Está em qualquer árvore do mundo em que debaixo dela um bicho morre.

No alto da árvore mais próxima, antes mesmo do bicho encomendar, urubu já discute, em assembleia, com os primos, quem que vai no olho, quem que vai no ânus.

Apeiam depois na terra, supimpando, tirando um paladar de vinho, usp, usp, antechupando os dentes...

Depois do banquete retornam às árvores, onde degustam, enviesam, revezam e se esvaziam — para comer de novo.

Urubus digerem e descomem em 12 minutos. E largam de ré sobre as folhas o guspe branco deles, na mais jubilosa caiação.

Assim, pau que urubu frequenta seca daquele guspe ácido. Nem embaixo dessa árvore vinga mais nada. Como quando o cavalo de Átila passava.

Também filhote de urubu não pode ver gente que gumita branco. Tem nojo duvidá de homem. Decerto nosso jeito a branco azeda o olho deles. E esse gumito de urubu tem acidez tão forte que dizem se pode alimpar alguidar com ele.

Sobre isso diz o Livro: — Pessoa que comer carne de animal que morre estará imunda até de tarde — e desse modo se purificará. Isso está no Levítico. Urubu tem muita fiúza no Levítico.

— O caso eu aprendi de oitiva, xará. Oive de mi. Nenhuma voz adquire pureza se não comer na espurcícia. Quem come pois do podre se alimpa. Isso diz o Livro.

Sujeito que entende pois de limpeza há de ser o urubu. Só ele que logra os vermes de frente. São entes muito sanitários. — Conquanto que delimpam até o céu.

Como eles, sobre as pedras, eu cato restumes de estrelas. É muito casto o restume.

2. SOCÓ-BOCA-D'ÁGUA

Socó-boca-d'água meio que espicha seu corpo pra trás, como se quisesse conversar de costas; alonga o pescoço esgalgo, arregala o olho vermelho, e vê dos treze lados.

Tem fino ouvido de barata, esse pássaro. Não boceja nunca. Cisma até com a sombra das borboletas. E avista os perigos desde ontem.

Sempre alarmado, em cima do susto, como um galo que está viajando em canoa bêbeda, não para de vigiar destinos e mutucas.

Ninguém tira retratos dele para enfeite. Não entra em jardins. Sonda a hora das cobras e dos grilos subjacentes. E não sabe se casa tem portas.

Se uma lontra ele vê, exorciza. Pula de lado três passos. E para atencioso, esgalgado. Logo adivinha o que tem na cabeça da lontra. E detona o alarme. Parece que sopra no mundo uma avena entupida de areia. Diante de tanto barulho, esse cachorro-d'água se manda assustado.

O socó-boca-d'água é puro de corixo. Pantaneiro escarrado. Sabe onde mora o peixe desde quando por aqui era mar de Xaraés. E atrai os rubafos com ceva de falenas.

Por cima dos camalotes, disfarçados, os socós-boca-d'água conversam como inocentes lavadeiras. Parecem a mãe dos peixes.

Súbito mergulha um. E aparece com o peixe no bico, de atravessado. O olho vermelho com lágrimas de água.

Engole sem guspe o peixe. O longo pescoço engrossa. Arregala muito o olho. Naquela comprida estrada que é o seu pescoço, a gente vê o peixe descendo. Vai agora salivado por uma gosma cinzenta.

Organiza depois um canto rachado para limpar a goela.

Desse pássaro ninguém sabe muito. Ouço que mora na gravanha — ou no gravanha. Sabendo ninguém o que seja gravanha.

A palavra é bonita e selvagem. Não está registrada nos léxicos. Ouço nela um rumor de espinheiro com água. Tem tudo para ser ninho e altar de um socó-boca-d'água.

3. DE TATU

Folgam muito no cio, os tatus — como os cachorros. E formam acompanhamentos. A fêmea vai na frente, cheirando matinhos, a tatua. Logo fica de joelhos para o amor e chora esverdeado.

Em cima de sua femeazinha, o macho passa horas — como se fosse em cima de uma casa de tábuas. E ela fica submetida para ele, rezando naquela postura.

Protocolos que a natureza lhes deu para montar filhos são tântricos. A femeazinha espera paciente enquanto venta azul no olho dos patos.

Como certas dálias lésbicas, de estames carnudos, se entregam as tatuas ao gosto de filhar. Seviciadas e ávidas.

Reproduzem de cacho.

Daí já saem pelas campinas fazendo buracos. Há campinas furadas como ralos.

Na corrida, pega um buraco desses o cavalo — se ajoelha no vento. Roda por cima do pescoço. E frecha de boca na macega o vaqueiro.

— Por isso não dispenso tatu quando acho no campo. Nem guenta faca esse bicho deletério. É ente morredor à toa. Afogou nele um dedo só de aço, estrebuchou. Embolou. Não falou água. Cagou-se persignado; pedindo bênção. É bicho morredor à toa. Sem aras nem arres. E chia fino quando o vaqueiro grosa a vara dele com faca.

Nas águas o tatu desaparece. Entra de ponta no cerrado. Diz-se que caiu na folha. Que folhou. De fato, nas águas todos folham, esses tatus!

4. O QUERO-QUERO

Natureza será que preparou o quero-quero para o mister de avisar? No meio-dia, se você estiver fazendo sesta completa, ele interrompe. Se está o vaqueiro armando laço por perto, em lugar despróprio, ele bronca. Se está o menino caçando inseto no brejo, ele grita naquele som arranhado que tem parte com arara. Defende-se como touro. E faz denúncias como um senador romano.

Quero-quero tem uma vida obedecida, contudo. Ele cumpre Jesus. Cada dia com sua tarefa. Tempo de comer é tempo de comer. Tempo de criar, de criar.

É pássaro mais de amar que de trabalhar.

De forma que não sobra ócio ao quero-quero para arrumar o ninho. Que faz em beira de estrada, em parcas depressões de terreno, e mesmo aproveitando sulcos deixados por cascos de animal.

Gosta de aproveitar os sulcos da natureza e da vida. Assim, nesses recalques, se estabelece o quero-quero, já de oveira plena, depois de amar pelos brejos perdida e avoadoramente.

E porque muito amou e se ganhou de amar desperdiçadamente, seu lar não construiu. E vai conceber no chão limpo. No limpo das campinas. Num pedaço de trampa enluaçada. Ou num aguaçal de estrelas.

Em tempo de namoro quero-quero é boêmio. Não aprecia galho de árvore para o idílio. Só conversa no chão. No chão e no largo. Qualquer depressãozinha é cama. Nem varre o lugar para o amor. Faz que nem boliviana. Que se jogue a cama na rua na hora do prazer, para que todos vejam e todos participem. Pra que todos escutem.

Não usa o silêncio como arte.

Quero-quero no amor é desbocado. Passarinho de intimidades descobertas. Tem uma filosofia nua, de vida muito desabotoada e livre.

Depois de achado o ninho e posto o ovo porém, vira um guerreiro o quero-quero. Se escuta passo de gente se espeta em guarda. Tem parenteza com sentinela. Investe de esporão sobre os passantes. E avisa os semoventes de redores.

Disse que pula bala. Sei que ninguém o desfolha. Tem misca de carrapato em sua carne exígua. Debaixo da asa guarda esse ocarino redoleiro pra de-comer dos filhotes.

De olhos ardidos, as finas botas vermelhas, não pode ver ninguém perto do ninho, que se arrepia e enfeza, como um ferrabrás.

Passarinho de topete na nuca, esse!

5. DE CACHORROS

Biguá passeava no corixo, arregaçando água. Fazia avenida de tarde, o valsante!

Cachorro observa das margens, com olho gordo. Biguá costura o rio na frente do cachorro. Desliza de leve, remenda água de baixo pra cima. Desfila.

Cachorro espicha o olho úmido. E súbito pula sobre a ave.

Biguá mergulha e aparece do outro lado.

Cachorro se desgoverna.

Biguá mergulha de novo. Aparece mais longe. Dá adeusinho.

Cachorro volta sem graça, rabo entre as pernas.

Biguá se despede. Sobe no sarã.

Cachorro desiste humilde.

Biguá se desfralda no sarã. Toma porre de sol.

6. DE QUATI

Aparece um quati escoteiro. Decerto perseguido de cachorro. No chão é ente insuficiente o quati. Imita ser baleado. O rabo desinquilibra de tanto rente na terra.

Agora, se alcança árvore, quati arma banzé. Arreganha. Monta episódio. E até xinga cachorro.

Igual é o tamanduá. Fora do mato, no limpo, tamanduá nega encrenca. Porém se encontra zamboada, vira gente. E desafia cachorro, onça-pintada, tenente.

7. A NOSSA GARÇA

Penso que têm nostalgia de mar estas garças pantaneiras. São viúvas de Xaraés? Alguma coisa em azul e profundidade lhes foi arrancada. Há uma sombra de dor em seus voos. Assim, quando vão de regresso aos seus ninhos, enchem de entardecer os campos e os homens.

Sobre a dor dessa ave há uma outra versão, que eu sei. É a de não ser ela uma ave canora. Pois que só grasna — como quem rasga uma palavra.

De cantos portanto não é que se faz a beleza desses pássaros. Mas de cores e movimentos. Lembram Modigliani. Produzem no céu iluminuras. E propõem esculturas no ar.

A Elegância e o Branco devem muito às garças.

Chegam de onde a beleza nasceu?

Nos seus olhos nublados eu vejo a flora dos corixos. Insetos de camalotes florejam de suas rêmiges. E andam pregadas em suas carnes larvas de sapos.

Aqui seu voo adquire raízes de brejo. Sua arte de ver caracóis nos escuros da lama é um dom de brancura.

À força de brancuras a garça se escora em versos com lodo?

(Acho que estou querendo ver coisas demais nestas garças. Insinuando contrastes — ou conciliações? — entre o puro e o impuro etc. etc. Não estarei impregnando de peste humana esses passarinhos? Que Deus os livre!)

Cronologia

1916 Nasce Manoel Wenceslau Leite de Barros, em 19 de dezembro, no Beco da Marinha, em Cuiabá (MT), segundo filho de João Wenceslau Leite de Barros e Alice Pompeo Leite de Barros. Após dois meses, a família fixa residência em Corumbá e depois numa fazenda na Nhecolândia, no Pantanal mato-grossense.

1922 Começa a ser alfabetizado pela tia, Rosa Pompeo de Campos.

1925-1928 Completa os estudos primários em um internato em Campo Grande.

1928-1934 Muda-se para o Rio de Janeiro para fazer os estudos ginasiais e secundários em regime de internato no Colégio São José, dos maristas. Lê os clássicos das literaturas portuguesa e francesa, e descobre sua paixão e vocação para a poesia nos *Sermões* do padre Antônio Vieira.

1929 Nasce Abílio Leite de Barros, em Corumbá, o último dos cinco irmãos de Manoel. Antes dele, Antonio Pompeo Leite de Barros, nascido em 1915; Ana Maria Leite de Barros, em 1919; Neuza Leite de Barros, em 1920; e Eudes Leite de Barros, em 1926.

1934 É aprovado para o curso de direito. Influenciado por Camões, escreve cerca de 150 sonetos. Entra em contato com a obra de autores modernistas como Raul Bopp, Mário de Andrade, Carlos Drummond de Andrade e Manuel Bandeira.

1935 Filia-se ao Partido Comunista, do qual se desliga em 1945, após a aliança de Luís Carlos Prestes com o poder. Participa de atividades clandestinas na Juventude Comunista e tem o manuscrito de seu primeiro livro, *Nossa Senhora da Minha Escuridão*, apreendido pela polícia de Getúlio Vargas.

1937 Publica seu primeiro livro de poesia, *Poemas concebidos sem pecado*, em edição artesanal, com o apoio de Henrique Vale, no Rio de Janeiro.

1940-1941 Vai para o Mato Grosso, onde recusa a direção de um cartório oferecida pelo pai. Retorna ao Rio de Janeiro e passa a atuar como advogado junto ao Sindicato dos Pescadores.

1942 Publica *Face imóvel*.

1943-1945 Viaja a Nova York, onde frequenta cursos de cinema e pintura no MoMA. Conhece *Poeta en Nueva York*, de García Lorca, e a obra de poetas e escritores de língua inglesa como T.S. Eliot, Ezra Pound e Stephen Spender. Viaja pela América do Sul (Bolívia e Peru) e pela Europa (Roma, Paris e Lisboa).

1947 Casa-se com Stella dos Santos Cruz, com quem teve três filhos: Pedro Costa Cruz Leite de Barros, em 1948; Martha Costa Cruz Leite de Barros, em 1951; e João Wenceslau Leite de Barros, em 1955.

1949 Falece seu pai, João Wenceslau Leite de Barros.

1956 Publica *Poesias*.

1958 Herda fazenda no Pantanal mato-grossense. A conselho da esposa, decide retornar com a família para o Mato Grosso para administrar a propriedade e desenvolver a atividade de pecuarista.

1961 Publica *Compêndio para uso dos pássaros*, com desenhos de João, seu filho, então com cinco anos, na capa e na contracapa.

O livro conquista o Prêmio Orlando Dantas, do *Diário de Notícias*, Rio de Janeiro.

1969 Publica *Gramática expositiva do chão*.

O livro conquista o Prêmio Nacional de Poesia em Brasília e o Prêmio da Fundação Cultural do Distrito Federal.

1974 Publica *Matéria de poesia*.

Passa a ser lido e comentado por escritores como Millôr Fernandes, Fausto Wolff, Antônio Houaiss, João Antônio e Ismael Cardim.

1982 Publica *Arranjos para assobio*, com capa de Millôr Fernandes.

É premiado pela Associação Paulista de Críticos de Artes (APCA).

1984 Falece sua mãe, Alice Pompeo Leite de Barros.

1985 Publica *Livro de pré-coisas*.

1989 Publica *O guardador de águas*.

1990 Publica *Gramática expositiva do chão (poesia quase toda)*. A edição tem prefácio de Berta Waldman, ilustrações de Poty e inclui todos os livros de poesia de Manoel publicados até o momento.

Recebe diversos prêmios: Prêmio Jabuti na categoria Poesia, por *O guardador de águas*; Grande Prêmio APCA de Literatura; e Prêmio Jacaré de Prata, da Secretaria de Cultura do Mato Grosso do Sul, como melhor escritor do ano.

1991 Publica *Concerto a céu aberto para solos de ave*, com capa e vinhetas de Siron Franco.

1993 Publica *O livro das ignorãças* em duas edições: uma edição comercial e outra de trezentos exemplares, numerados e assinados pelo autor, para a Sociedade dos Bibliófilos do Brasil.

1996 Publica *Livro sobre nada*, com capa e ilustrações de Wega Nery.

A Sociedade dos Bibliófilos do Brasil, sob curadoria e apresentação de José Mindlin, publica a antologia *O encantador de palavras*, com ilustrações de Siron Franco.

A revista alemã *Alkzent* publica *Das Buch der Unwissenheiten*, tradução de Kurt Meyer-Clason de *O livro das ignorãças*.

Recebe o Prêmio Alphonsus de Guimaraens, da Biblioteca Nacional, por *O livro das ignorãças*.

1997 Recebe o Prêmio Nestlé de Literatura, por *Livro sobre nada*.

1998 Publica *Retrato do artista quando coisa*, com capa e ilustrações de Millôr Fernandes.

Recebe o Prêmio Nacional de Literatura, do Ministério da Cultura, pelo conjunto da obra.

1999 Publica o livro infantil *Exercícios de ser criança*, ilustrado com bordados de Antônia Zulma Diniz, Ângela, Marilu, Martha e Sávia Dumont sobre desenhos de Demóstenes Vargas.

2000 Publica *Ensaios fotográficos*.

É lançada em Portugal a antologia *O encantador de palavras*.

Recebe diversos prêmios: Prêmio Cecília Meireles, do Ministério da Cultura, pelo conjunto da obra; Prêmio Pen Clube do Brasil de melhor livro de poesia; Prêmio ABL de Literatura Infantil e Prêmio

Odylo Costa Filho, da Fundação Nacional do Livro Infantil e Juvenil (FNLIJ), por *Exercícios de ser criança*.

2001 Publica *Tratado geral das grandezas do ínfimo*.

Publica o livro infantil *O fazedor de amanhecer*, com ilustrações de Ziraldo.

2002 Recebe o Prêmio Jabuti na categoria Livro do Ano Ficção, por *O fazedor de amanhecer*.

É lançada em Málaga, Espanha, a edição bilíngue *Todo lo que no invento es falso (Antología)*, com tradução e prefácio de Jorge Larrosa.

2003 Publica *Memórias inventadas: A infância* e o livro infantil *Cantigas por um passarinho à toa*, com ilustrações de Martha Barros.

Publica na França *La Parole sans limites (une didactique de l'invention)*, tradução de Celso Libânio de *O livro das ignorãças*, com ilustrações de Cícero Dias e capa de Martha Barros.

2004 Publica *Poemas rupestres*.

Recebe o Prêmio Odylo Costa Filho, da FNLIJ, por *Cantigas por um passarinho à toa*.

2005 É publicado na Espanha, em catalão, o livro *Riba del dessemblat: Antologia poètica*, com tradução e prólogo de Albert Roig.

Recebe o Prêmio APCA de Literatura na categoria Poesia, por *Poemas rupestres*.

2006 Publica *Memórias inventadas: A segunda infância*, com ilustrações de Martha Barros.

Recebe o Prêmio Nestlé de Literatura, por *Poemas rupestres*.

2007 Publica o livro infantil *Poeminha em Língua de brincar*, com ilustrações de Martha Barros.

É publicado em Portugal *Compêndio para uso dos pássaros — Poesia reunida, 1937-2004*.

Morre seu filho João Wenceslau Leite de Barros.

2008 Publica *Memórias inventadas: A terceira infância*, com ilustrações de Martha Barros.

Este livro conquista o Prêmio APCA de Literatura na categoria Memória.

2009 Recebe o Prémio Sophia de Mello Breyner Andresen, atribuído pela Câmara Municipal de São João da Madeira e pela Associação Portuguesa de Escritores (APE), por *Compêndio para uso dos pássaros — Poesia reunida, 1937-2004*.

2010 Publica *Menino do mato*.

Publica *Poesia completa* no Brasil e em Portugal.

Recebe o Prêmio Bravo! Bradesco Prime de Cultura como melhor artista do ano.

2011 Publica *Escritos em verbal de ave*.

2012 Recebe o Prémio de Literatura Casa da América Latina/ Banif 2012 de Criação Literária, Lisboa, por *Poesia completa* e o Prêmio ABL de Poesia, por *Escritos em verbal de ave*.

2013 Publica seu último poema, "A turma".

Morre seu filho Pedro Costa Cruz Leite de Barros.

2014 Falece em 13 de novembro, em Campo Grande (MS).

Manoel de Barros em Nova York, 1947.

No Pantanal, *c.* anos 1950.

Bernardo, na fazenda, fumando seu cachimbo. [s.d.]

Manoel de Barros, agachado com o filho Pedro.
De pé, a babá Ana Maria, Stella (de óculos escuros
e saia preta), esposa de Manoel, e tia Nitidinha (de bolsa),
no Cristo Redentor, Rio de Janeiro, *c.* 1951.

Manoel com a filha e a esposa Stella, na estreia de uma exposição de Martha no Sesc Ipiranga, em São Paulo, 2004.

Página de um dos Cadernos de Rascunho do *Livro de pré-coisas*.

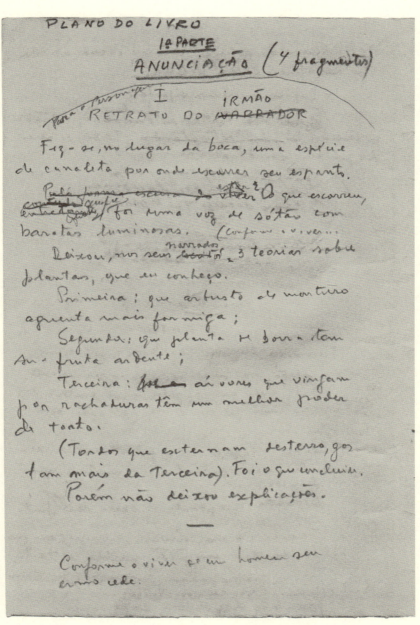

Página de um dos Cadernos de Rascunho do *Livro de pré-coisas*.

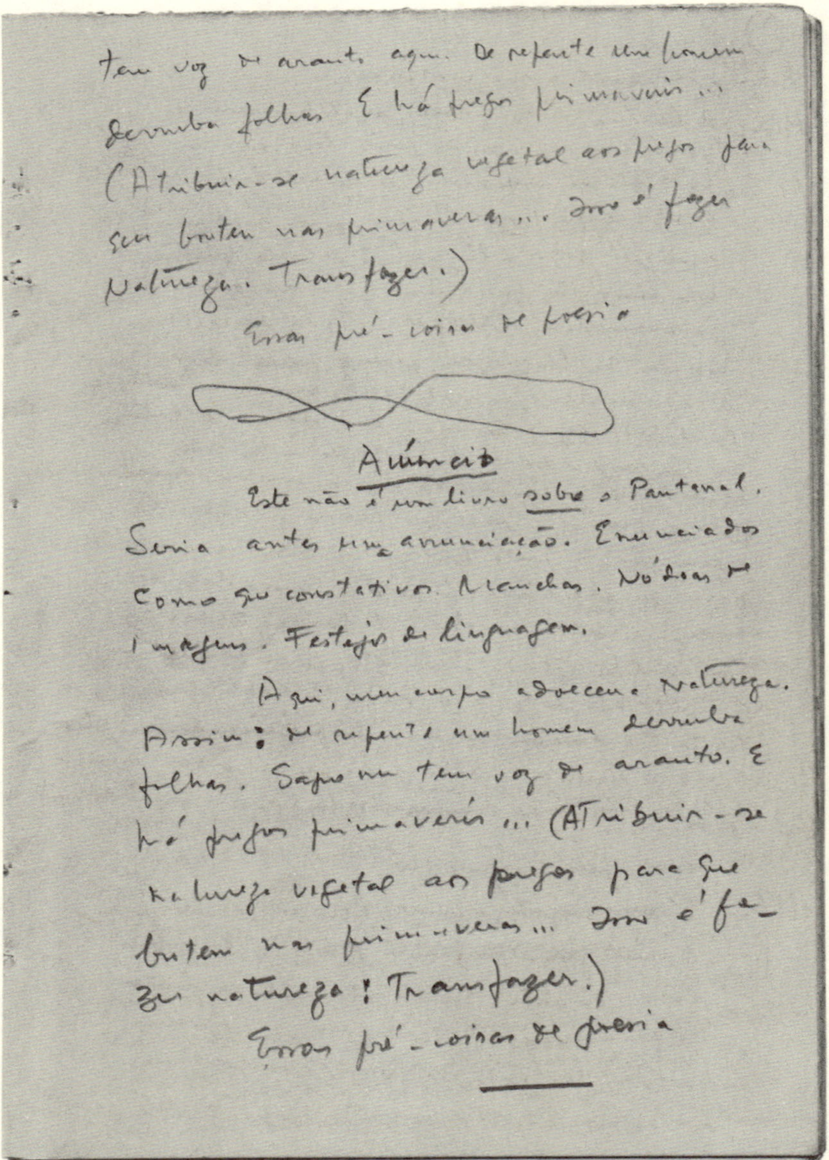

Página de um dos Cadernos de Rascunho do *Livro de pré-coisas*.

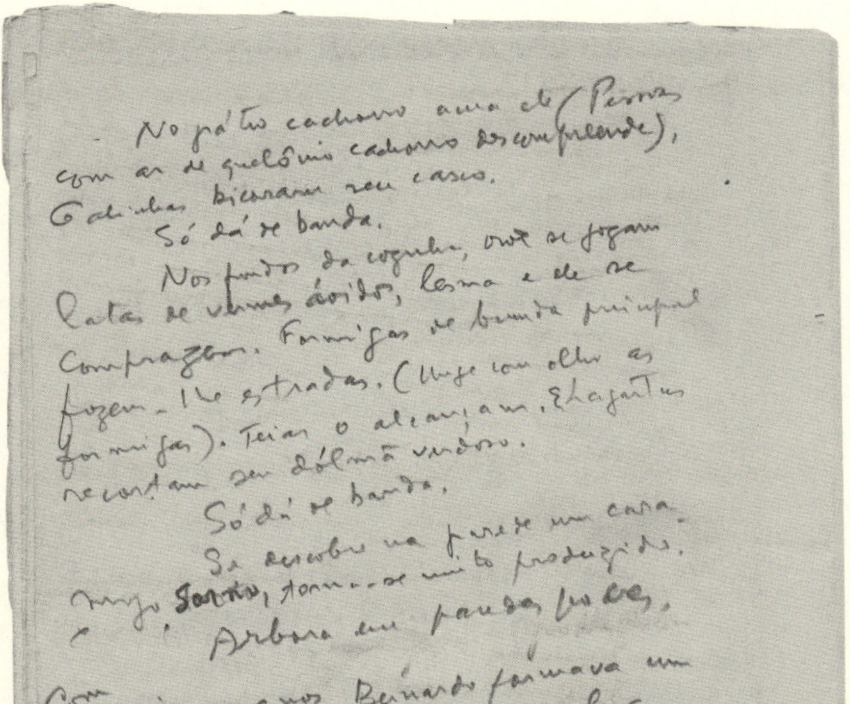
No pátio cachorro ama ele (Pessoas
com ar de quelônio cachorro descompreende),
Galinhas bicaram seu casco.
Só dá de banda.
Nos fundos da cozinha, onde se jogam
latas de vermes ávidos, lesma e ele se
comprazem. Formigas de banda principal
fazem-lhe estradas. (Usa com olho as
formigas). Teias o alcançam. Lagartos
recortam seu dólmã vidroso.
Só dá de banda.
Se escobre na parede um casa.
[illegible], ~~Sonho~~, torna-se muito produzido.
Árbore em paredes podres.

Com mais cem anos Bernardo formava um
dialeto com árvores. Sonda a lua
sentindo dando para elas. Conversam
[illegible] um [illegible] coberta
de luar. Parece que [illegible] enferrujado,
se hera em sua vez. Derruba folhas
~~[illegible]~~ de tarde. Tem hora produz resina.
Passa um rio gorjeado nas margens
de Bernardo. Com as mãos aplaina
as águas. Deus abrange ele.

Esta é a versão número 58 deste escrito

Página de um dos Cadernos de Rascunho do *Livro de pré-coisas*.

Manuscrito de trabalho de um dos poemas do *Livro de pré-coisas*.

Parece uma gema de ovo o novo pôr-do-sol do lado da Bolívia.
A gema vai crescendo vai descendo, até se desmanchar atrás do morro.
Se é tempo de chuva, desce um barro escuro por toda a extensão dos Andes
E tampa a gema.
— Aquele morro bem que entorta a bunda da paisagem! — o menino falou.
Há vestígios de morros cantos nas vendas desty terras lascado
Os homens deste lugar são uma continuação das aguas.
      flora nas plantas como nas aves.

Carta de Manoel de Barros, de 9 de janeiro de 1985, oferecendo o manuscrito do *Livro de pré-coisas*.

Sr. Editor,

Estou remetendo, encostado nesta carta, o *Livro de pré-coisas*.

Gostaria de vê-lo editado por essa Casa. Honra maior!

Amigos me sopram que deveria me recomendar por nomes famosos ou recortes de críticos. Não tenho esse tipo de entendimento. Dou-me em julgamento. Tenho especial simpatia pela Editora em face de algumas coleções tão agradáveis e tão úteis à cultura brasileira. Coleções que me encantam.

Sou pouco conhecido — se muito. Mas penso que sou poeta, por ter nascido assim.

Se puderem ler meu livro e me mandarem resposta, agradeceria. Ficaria feliz com uma resposta positiva e infeliz com a outra. Mas eu compreenderei e acatarei o que seja.

Fraternal abraço

Manoel de Barros

Sr. Editor,

Estou remetendo, encostado nesta carta, o LIVRO DE PRÉ-COISAS.

Gostaria de vê-lo editado por essa Casa. Honra maior!

Amigos me sopram que deveria me recomendar por nomes famosos ou recortes de críticos. Não tenho esse tipo de entendimento. Dou-me em julgamento. Tenho especial simpatia pela Editora em face de algumas coleções tão agradáveis e tão úteis à cultura brasileira. Coleções que me encantam.

Sou pouco conhecido — se muito. Mas penso que sou poeta, — por ter nascido assim.

Se puderem ler meu livro e me mandarem resposta, agradeceria. Ficaria feliz com uma resposta positiva e infeliz com a outra. Mas eu compreenderei e acatarei o que seja.

Fraternal abraço

Manoel de Barros
rua Rui Barbosa 2.334
Campo Grande, MS — CEP 79.100

Pergunta 5 — O *Livro de pré-coisas* é uma anunciação ou uma invenção/ fundação do Pantanal?

Resposta 5 — Queria que fosse uma invenção, uma fundação e nunca uma descrição, uma informação. Eu queria que fosse apenas um festejo de linguagem. Nada que fosse uma demonstração mas tudo que pudesse ser uma encantação. Queria que fosse apenas um enfeite da imaginação. Que fosse uma fantasia. O Pantanal fantasiado de minhas palavras. Que a exuberância que temos só aparecesse nas entrelinhas, mais do que nas linhas. Que eu não fizesse uma cópia do Pantanal. Mas uma descópia. O pantanal transfigurado, inventado pelo poeta.

Pergunta 6 — Quando a escrita em verso, quando em prosa?

Resposta 6 — Aprendi a corroer os limites entre prosa e verso com o nosso imaculante Rimbaud. Principalmente no último livro do poeta: *Une saison en enfer*. Aprendi que o verso ou a frase devem ser instruídos por iluminações e imagens, para que sejam poesia. Frase ou verso desde que alcancem fazer encantamentos são poesia.

Pergunta 7 — Quanto deve M. B. à literatura portuguesa? Quanto à brasileira? E quanto à hispano-americana?

Resposta 7 — Encontrei nos quinhentistas portugueses a primeira mina. Foi no Padre Antônio Vieira. A força de sua linguagem me fez entender (e eu era um adolescente ainda), que o que eterniza um artista é seu estilo, sua linguagem e não a sua doutrina, os seus pensamentos. A partir dessa mina fui fascinado por Camões, Gil Vicente etc. Aqui no Brasil as minas mais importantes, para mim, são Machado de Assis e Guimarães Rosa. Passeei um pouco pela literatura hispano-americana, tive encantamentos por Quevedo, Lorca, Vallejo, Rulfo, Lezama Lima, e tantos outros. Sei que estou praticando injustiça por não nomear tantos outros que me encantam. Peço clemência pelas faltas.

Manoel de Barros

Pergunta 5 - O Livro de pré-coisas é uma anunciação ou uma invenção / fundação do Pantanal ?

Resposta 5 - Queria que fosse uma invenção, uma fundação e nunca uma descrição, uma informação. Eu queria que fosse apenas um festejo de linguagem. Nada que fosse uma demonstração mas tudo que pudesse ser uma encantação. Queria que fosse apenas um enfeite da imaginação. Que fosse uma fantasia. O Pantanal fantasiado de minhas palavras. Que a exuberância que temos só aparecesse nas entrelinhas, mais do que nas linhas. Que eu não fizesse uma cópia do Pantanal. Mas uma descópia. O pantanal transfigurado, inventado pelo poeta.

Pergunta 6 - Quando a escrita em verso, quando em prosa ?

Resposta 6 - Aprendi a corroer os limites entre prosa e verso com o nosso imaculante Rimbaud. Principalmente no último livro do poeta : Une saison en enfer. Aprendi que o verso ou a frase devem ser instruidos por iluminações e imagens, para que sejam poesia. Frase ou verso desde que alcancem fazer encantamentos são poesia.

Pergunta 7 - Quanto deve M.B. à literatura portuguesa? quanto à brasileira? E quanto à Hispano-Americana ?
Resposta 7 - Encontrei nos quinhentistas portugueses a primeira mina. Foi no Padre Antônio Vieira. A força de sua linguagem me fez entender (e eu era um adolescente ainda), que o que eterniza um artista é seu estilo, sua linguagem e não a sua doutrina, os seus pensamentos. A partir dessa mina fui fascinado por Camões, GilVicente, etc. Aqui no Brasil as minas mais importantes, para mim, são Machado de Asssis E Guimarães Rosa. Passeei um pouco pela literatura hispano-americana. Tive encontamentos por Quevedo, Lorca, Vallejo, Rulfo, Lezama Lima, e tantos outros. Sei que estou praticando injustiça por não nomear tantos outros que me encantam. Peço Clemência pelas faltas. *Manoel de Barros*

Parte das respostas de Manoel de Barros à entrevista de
Adalberto Paredes sobre o *Livro de pré-coisas*, 30 de janeiro de 2002.

Relação de obras

Poemas concebidos sem pecado [1937]
Face imóvel [1942]
Poesias [1956]
Compêndio para uso dos pássaros [1961]
Gramática expositiva do chão [1969]
Matéria de poesia [1974]
Arranjos para assobio [1982]
Livro de pré-coisas [1985]
O guardador de águas [1989]
Concerto a céu aberto para solos de ave [1991]
O livro das ignorãças [1993]
Livro sobre nada [1996]
Retrato do artista quando coisa [1998]
Ensaios fotográficos [2000]
Tratado geral das grandezas do ínfimo [2001]
Poemas rupestres [2004]
Menino do mato [2010]
Escritos em verbal de ave [2011]

MEMÓRIAS INVENTADAS
A infância [2003]
A segunda infância [2006]
A terceira infância [2008]

LIVROS INFANTIS
Exercícios de ser criança [1999]
O fazedor de amanhecer [2001]
Cantigas por um passarinho à toa [2003]
Poeminha em Língua de brincar [2007]

Bibliografia sobre Manoel de Barros

Livros, entrevistas e artigos

ACCIOLY, Ana. "Manoel de Barros, o poeta". *Manchete*, Rio de Janeiro, 1988, p. 116.

———. "Manoel de Barros, a palavra redescoberta". *Revista Goodyear*, São Paulo, abr. 1989, pp. 48-53.

AMÂNCIO, Moacir. "O caso literário do exímio poeta Manoel de Barros". *O Estado de S. Paulo*, São Paulo, 28 abr. 1989.

ANDRADE, Jeferson de. "O homem que é um dialeto". *Estado de Minas*, Belo Horizonte, 5 fev. 1998, p. 5.

ARRUDA, Heraldo Povoas. "A metapoesia de Manoel de Barros". *Letras & Artes*, jun. 1990, p. 6.

ASSUNÇÃO, Paulinho. "As pré-coisas de Manoel de Barros". *Estado de Minas*, Belo Horizonte, 23 jan. 1986.

BARBOSA, Frederico. "Poeta elabora a gramática das coisas inúteis". *Folha de S.Paulo*, São Paulo, 1 dez. 1990, p. F-7.

BARBOSA, Luiz Henrique. *Palavras do chão: Um olhar sobre a linguagem adâmica em Manoel de Barros*. São Paulo: Annablume, 2003.

BATISTA, Orlando Antunes. *Lodo e ludo em Manoel de Barros*. Rio de Janeiro: Presença, 1989.

BERNARDELLI, Ana Maria; GONDITI, Fábio (Orgs.). *101 reinvenções para Manoel: Um estudo sobre a influência da linguagem do poeta Manoel de Barros sobre a criação literária do estado de Mato Grosso do Sul*. Campo Grande: Life, 2017.

BIRAM, Tagore. "O desconcertador de linguagem". *Zero Hora*, Porto Alegre, 3 set. 1994, pp. 8-9.

BORGES, João. "Gramática remota da pureza perdida". *O Globo*, Segundo Caderno, Rio de Janeiro, 28 jul. 1993.

———. "A natureza num amor de ignorante". *O Globo*, Rio de Janeiro, 23 nov. 1993.

BRUNACCI, Maria Izabel. "A crítica da modernidade na poética de Manoel de Barros e José Paulo Paes". *Estudos de Literatura Contemporânea*, Brasília, n. 19, maio/jun. 2002, pp. 43-58.

CAMPOS, Cristina. *Manoel de Barros: O demiurgo das terras encharcadas — Educação pela vivência do chão*. Cuiabá: Tanta Tinta, 2010.

CAMPOS, Luciene Lemos de; RODRIGUES, Rauer Ribeiro. "Camalotes, Sarobás e poemas sem pecado: O intertexto das figuras populares na obra de Manoel de Barros". In: COSTA, Edgar A. da; SILVA, Giane; OLIVEIRA, Marco Aurélio (Orgs.). *Despertar para a fronteira*. Campo Grande: UFMS, 2009. v. 1.

CANÇADO, José Maria. "O escárnio e a ternura". *Leia*, São Paulo, n. 104, jun. 1987.

CARDIM, Ismael. "Um poeta em Mato Grosso". *Folha da Tarde*, Corumbá, 18 set. 1974, p. 3.

CASTELLO, José. "Manoel de Barros busca sentido da vida". *O Estado de S. Paulo*, Caderno 2, São Paulo, 3 ago. 1996.

———. "Manoel de Barros faz do absurdo sensatez". *O Estado de S. Paulo*, Caderno 2, São Paulo, 18 out. 1997. Disponível em: <www.jornaldepoesia.jor.br/castel11.html>. Acesso em: 15 ago. 2019.

———. "Manoel de Barros: Retrato perdido no pântano". In: ———. *Inventário das sombras*. Rio de Janeiro: Record, 1999.

———. "Manoel de Barros fotografa a poesia do invisível". *O Estado de S. Paulo*, São Paulo, Caderno 2, 27 maio 2000.

———. "Manoel entre pássaros". *O Globo*, Prosa & Verso, Rio de Janeiro, 31 dez. 2011.

———. "Poesia atônita". *O Globo*, Rio de Janeiro, 18 jan. 2014, p. 5.

CASTELLO BRANCO, Lúcia. *Manoel de Barros — Caderno I*. Belo Horizonte: Editora UFMG, 2009. v. 1. Coleção AmorÍmpar.

———. "E tem espessura de amor: Variações sobre o silêncio branco em Manoel de Barros". *Revista Grumo*, Buenos Aires/ Rio de Janeiro, v. 2, 2003.

———. "A poesia febril de Manoel de Barros". *O Tempo*, Belo Horizonte, 17 ago. 1997, p. 8.

——— (Org.). *Sete olhares sobre os escritos de Barros e Pessoa*. Belo Horizonte: UFMG, 1995.

———. "Palavra em estado de larva: A matéria poética de Manoel de Barros". *Suplemento Literário Minas Gerais*, Belo Horizonte, n. 907, 18 fev. 1984.

CASTRO, Afonso de. *A poética de Manoel de Barros: A linguagem e a volta à infância*. Campo Grande: UCDB, 1991.

CONCEIÇÃO, Mara. *Manoel de Barros, Murilo Mendes e Francis Ponge. Nomeação e pensatividade poética*. São Paulo: Paco Editorial, 2011.

COUTO, José Geraldo. "Manoel de Barros busca na ignorância a fonte da poesia". *Folha de S.Paulo*, Caderno Mais, São Paulo, 14 nov. 1993, pp. 8-9.

CRETTON, Maria da Graça. "O regional e o literário em Manoel de Barros". In: CRISTÓVÃO, Fernando Alves et al. *Nacionalismo e regionalismo nas literaturas lusófonas*. Rio de Janeiro: Edições Cosmos, 1997.

DALATE, Sergio. "Manoel de Barros: Uma poética do estranhamento ou o encantador de palavras". *Polifonia*, Cuiabá, EDUFMT, n. 3, 1997, pp. 1-13.

DAVID, Nismária Alves. "A poesia de Manoel de Barros e o mito de origem". *Terra Roxa e Outras Terras — Revista de Estudos Literários*, Londrina, UEL, n. 5, 2005, pp. 17-32.

FENSKE, Elfi Kürten (Pesquisa, Sel. e Org.). "Manoel de Barros: A natureza é sua fonte de inspiração, o Pantanal é a sua poesia". *Templo Cultural Delfos*, fev. 2011. Disponível em: <www.elfikurten.com.br/2011/02/manoel-de-barros-natureza-e-sua-fonte.html>. Acesso em: 15 ago. 2019.

FREITAS, Guilherme. "O poeta que queria ser árvore". *O Globo*, Segundo Caderno, Rio de Janeiro, 13 abr. 2010.

GRÜNEWALD, José Lino. "Poeta com máscara de filósofo popular". *O Globo*, Prosa & Verso, Rio de Janeiro, 21 set. 1996.

JANSEN, Roberta. "Manoel de Barros salva palavras da mesmice". *O Estado de S. Paulo*, Caderno 2, São Paulo, 15 maio 1995.

LOBATO, Eliane. "Poeta de pés no chão". *O Globo*, Segundo Caderno, Rio de Janeiro, 14 jun. 1980, p. 8.

MACHADO, Madalena; MAQUÊA, Vera da Rocha (Orgs.). *Dos labirintos e das águas: Entre Barros e Dickes*. Cáceres, MT: Unemat, 2009.

MAQUÊA, Vera da Rocha; PINHEIRO, Hérica A. Jorge da Cunha. "O chão da palavra poética de Manoel de Barros e Ondjaki". In: MALUF-SOUZA, Olimpia; SILVA, Valdir; ALMEIDA, Eliana de; BISINOTO, Leila S. J. (Orgs.). *Redes discursivas: A língua(gem) na pós-graduação*. Campinas: Pontes, 2012. v. 2.

MARINHO, Marcelo et al. *Manoel de Barros: O brejo e o solfejo*. Brasília: Ministério da Integração Nacional: Universidade Católica Dom Bosco, 2002, pp. 15-27. (Coleção Centro-Oeste de Estudos e Pesquisas, 5).

MAUAD, Isabel Cristina. "Poeta busca estética do ordinário". *O Globo*, Rio de Janeiro, 29 dez. 1991, p. 5.

MEDEIROS, Sérgio. "Os vários duplos de Manoel de Barros". *O Estado de S. Paulo*, São Paulo, 14 dez. 1996.

MENEZES, Edna. *Quatro expoentes da literatura sul-mato-grossense:*

Visconde de Taunay, Lobivar Mattos, Manoel de Barros, Raquel Naveira. Campo Grande: Athenas, 2003. v. 1.

MENEZES, Edna. "Manoel de Barros: O poeta universal de Mato Grosso do Sul". *Jornal de Poesia*. Disponível em: <www.jornaldepoesia.jor.br/ednamenezes1.html>. Acesso em: 15 ago. 2019.

———. "A autorreflexão em 'estado de palavra' na poética de Manoel de Barros". *Jornal de Poesia*. Disponível em: <www.jornaldepoesia.jor.br/ednamenezes2.html>. Acesso em: 15 ago. 2019.

MILLEN, Mànya. "Um poeta em plena infância". *O Globo*, Prosa & Verso, Rio de Janeiro, 7 nov. 1998.

MÜLLER, Adalberto. *Encontros: Manoel de Barros*. Rio de Janeiro: Azougue, 2010.

NAME, Daniela. "Um inventor de palavras". *O Globo*, Segundo Caderno, Rio de Janeiro, 2 mar. 1996.

NOGUEIRA, Rui. "O poeta andarilho do Pantanal". *Correio Braziliense*, Brasília, 5 jul. 1987.

NOLASCO, Paulo. "Guimarães Rosa e Manoel de Barros: Um guia para o sertão". In: ———. *O outdoor invisível: Crítica reunida*. Campo Grande: Editora UFMS, 2006.

OLIVEIRA, Elizabete. *A educação ambiental e Manoel de Barros: Diálogos poéticos*. São Paulo: Paulinas, 2012.

OLIVEIRA, Vanderluce Moreira Machado. *A reescritura poética de Manoel de Barros*. Curitiba: Appris, 2016.

PERES, Wesley Godoi; CAMARGO, G. F. O. "Considerações acerca do sujeito e da alteridade na poesia de Manoel de Barros". In: FERREIRA, Renata Wirthmann (Org.). *Arte e subjetividade: Diálogos com a psicanálise*. Brasília: Universa, 2010.

PINTO, Manoel da Costa. "Livros revelam regularidade de estilo de Manoel de Barros". *Folha de S.Paulo*, São Paulo, 17 abr. 2010.

PIZA, Daniel. "Manoel de Barros, o poeta que veio do chão". *O Estado de S. Paulo*, São Paulo, 13 mar. 2010.

RAMOS, Isaac Newton Almeida. "A modernidade em Manoel de Barros e Alberto Caeiro". In: LEITE, Mário Cezar Silva (Org.). *Mapas da mina: Estudos de literatura em Mato Grosso*. Cuiabá: Cathedral Publicações, 2005. v. 1.

———. "A didática da invenção do poeta Manoel de Barros". In: SILVA, Agnaldo da (Org.). *Diálogos literários: Literatura, comparativismo e ensino*. São Paulo: Ateliê, 2008.

RICCIARDI, Giovanni. "Manoel de Barros". In: ——— (Org.). *Autorretratos*. São Paulo: Martins Fontes, 1991.

RODRIGUES, Aline. *A poética de desver de Manoel de Barros*. Curitiba: Appris, 2016.

RODRIGUES, Karine. "De cartas abertas". *O Globo*, Rio de Janeiro, 1 fev. 2014, pp. 2-3.

ROSA, Glenda Matias O. de. *No descomeço era o verbo: Manoel de Barros e a roda de conversa na educação infantil*. Curitiba: Appris, 2018.

ROSSONI, Igor. *Fotogramas do imaginário: Manoel de Barros*. Salvador: Vento Leste, 2007.

RUSSEF, Ivan et al. *Ensaios farpados: Arte e cultura no Pantanal e no Cerrado*. Campo Grande: UCDB, 2003.

SAMPAIO, Tiago Antonio. "Poesia e psicanálise: Um possível diálogo entre Manoel de Barros, Freud e Lacan". *Psicanálise & Barroco em revista*, Unirio, v. 16, n. 1, jul. 2018.

SANTOS, Rosana Cristina Zanelatto (Org.). *Nas trilhas de Barros*. Campo Grande: UFMS, 2009.

SILVA, Célia Sebastiana. "Manoel de Barros: Sem margens com as palavras". *Fragmentos de Cultura*, Goiânia, v. 19, n. 7/8, pp. 541-50, jul./ago. 2009.

———. "Manoel de Barros: Lírica, invenção e consciência criadora". *Revista Leituras*, PUC-RS. Disponível em: <www4.pucsp.br/revistafronteiraz/numeros_anteriores/n5/download/pdf/mbarros.pdf>. Acesso em: 15 ago. 2019.

SILVA, Fernanda Martins da. "Olhares sobre o moderno e a modernidade na obra de Manoel de Barros: Crítica e recepção". *Fênix – Revista de História e Estudos Culturais*, Uberlândia, UFU, v. 12, ano XII, n. 1, jan./jun. 2015.

SOUZA, Elton Luiz Leite de. *Manoel de Barros: A poética do deslimite*. Rio de Janeiro: 7Letras, 2010.

SOUZA, Maria Aparecida Ferreira de Melo. "As interfaces espirituais na obra de Manoel de Barros". In: FERRAZ, Salma (Org.). *No princípio era Deus e ele se fez poesia*. Rio Branco: Edufac, 2008.

SPITZ, Eva. "O poeta que poucos conhecem". *Jornal do Brasil*, Caderno B, Rio de Janeiro, 8 dez. 1988.

TEIXEIRA, Nincia Cecilia Ribas Borges. "Leitura caleidoscópica da natureza: O encontro de Barros e Mancuso". *Revista Terceira Margem*, UFRJ, v. 22, n. 37, 2018.

TORRES, Alan Bezerra. *Manoel de Barros: A poética da infância e dos espaços*. Curitiba: Appris, 2015.

WALDMAN, Berta. "A poesia de Manoel de Barros: Uma gramática expositiva do chão". *Jornal do Brasil*, Rio de Janeiro, 27 maio 1989.

WALDMAN, Berta. "Poesia ao rés do chão". In: BARROS, Manoel de. *Gramática expositiva do chão: Poesia quase toda*. Rio de Janeiro: Civilização Brasileira, 1990.

Produção acadêmica

ALBUQUERQUE, Érika Bandeira de. *Manoel e Martha Barros: A pedagogia do olhar*. Recife: Universidade Federal de Pernambuco, 2015. Dissertação (Mestrado em Letras).

ALMEIDA, Adris de. *As raias da memória e da imaginação em Manoel de Barros*. Florianópolis: Universidade Federal de Santa Catarina, 2012. Dissertação (Mestrado em Literatura).

ALMEIDA, Marinei. *Entre voos, pântanos e ilhas: Um estudo comparado entre Manoel de Barros e Eduardo White*. São Paulo: Universidade de São Paulo, 2008. Tese (Doutorado em Letras).

AQUINO, Marcela Ferreira Medina de. *Faces do poeta pop: O caso Manoel de Barros na poesia brasileira contemporânea*. Rio de Janeiro: Pontifícia Universidade Católica do Rio de Janeiro, 2010. Tese (Doutorado em Letras).

AZEVEDO, Lucy Ferreira. *Paixões e identidade cultural em Manoel de Barros: O poema como argumento*. São Paulo: Pontifícia Universidade Católica de São Paulo, 2006. Tese (Doutorado em Letras).

BARRA, Cynthia de Cássia Santos. *É ínvio e ardente o que o sabiá não diz: Uma leitura de Manoel de Barros*. Belo Horizonte: Universidade Federal de Minas Gerais, 2000. Dissertação (Mestrado em Estudos Literários).

BARROS, Nismária Alves David. *O lugar do leitor na poesia de Manoel de Barros*. Goiânia: Universidade Federal de Goiás, 2010. Tese (Doutorado em Letras).

BASEIO, Maria Auxiliadora Fontana. *Entre a magia da voz e a artesania da letra: O sagrado em Manoel de Barros e Mia Couto*. São Paulo: Faculdade de Filosofia, Letras e Ciências Humanas, Universidade de São Paulo, 2007. Tese (Doutorado em Estudos Comparados de Literaturas de Língua Portuguesa).

BÉDA, Walquíria Gonçalves. *O inventário bibliográfico sobre Manoel de Barros ou "Me encontrei no azul de sua tarde"*. Assis: Faculdade de Ciências e Letras, Universidade Estadual Paulista, 2002. 2 v. Dissertação (Mestrado em Teoria da Literatura e Literatura Comparada).

———. *A construção poética de si mesmo: Manoel de Barros e a autobiografia*. Assis: Faculdade de Ciências e Letras, Universidade Estadual Paulista, 2007. Tese (Doutorado em Letras).

BELLEZA, Eduardo de Oliveira. *Desacostumar os olhos: Experimentando em vídeos/espaços/poesias*. Campinas: Universidade Estadual de Campinas, 2014. Dissertação (Mestrado em Educação).

CAMARGO, Goiandira de Fátima Ortiz de. *A poética do fragmentário: Uma leitura da poesia de Manoel de Barros*. Rio de Janeiro: Faculdade de Letras, Universidade Federal do Rio de Janeiro, 1997. Tese (Doutorado em Ciência da Literatura).

CAMPOS, Luciene Lemos de. *A mendiga e o andarilho: A recriação poética de figuras populares nas fronteiras de Manoel de Barros*. Campo Grande: Universidade Federal de Mato Grosso do Sul, 2010. Dissertação (Mestrado em Letras).

CARLAN, Carina. *Princípios criativos concebidos a partir das noções de pré-coisas e da atividade de transver de Manoel de Barros*. Porto Alegre: Universidade Federal do Rio Grande do Sul, 2014. Dissertação (Mestrado em Design).

CRUZ, Wânessa Cristina Vieira. *Iluminuras: Imaginação criadora na obra de Manoel de Barros*. Belo Horizonte: Universidade Federal de Minas Gerais, 2009. Dissertação (Mestrado em Estudos Literários).

CUNHA, Yanna K. H. Gontijo. *O andarilho Bernardo, de Manoel de Barros*. Rio Grande: Universidade Federal do Rio Grande, 2015. Dissertação (Mestrado em Literatura).

FARINA, Giane. *O que pode um nome?: Diálogos sobre a infância com Manoel de Barros*. Porto Alegre: Universidade Federal do Rio Grande do Sul, 2015. Dissertação (Mestrado em Educação).

FERNANDES, Janice de Azevedo. *Iminências poéticas: Manoel de Barros e Arthur Bispo do Rosário. Por uma poética da recomposição de inutilidades e do ariançamento*. Goiânia: Pontifícia Universidade Católica de Goiás, 2015. Dissertação (Mestrado em Letras).

FIOROTTI, Devair Antônio. *A palavra encena: Uma busca de entendimento da linguagem poética a partir de Manoel de Barros*. Brasília: Instituto de Letras, Universidade de Brasília, 2006. Tese (Doutorado em Teoria Literária).

FONTES, Marcelo Barbosa. *Territórios da escrita em Manoel de Barros: Por uma poética da escuta*. Belo Horizonte: Pontifícia Universidade Católica de Minas Gerais, 2008. Dissertação (Mestrado em Letras).

GALHARTE, Julio A. Xavier. *Despalavras de efeito: Os silêncios na obra de Manoel de Barros*. São Paulo: Faculdade de Filosofia, Letras e Ciências Humanas, Universidade de São Paulo, 2007. Tese (Doutorado em Teoria Literária e Literatura Comparada).

GARCIA, Mirian T. Ribeiro. *Exercícios de ser humano: A poesia e a infância na obra de Manoel de Barros*. Brasília: Universidade de Brasília, 2006. Dissertação (Mestrado em Literatura).

GIL, Andreia de Fátima Monteiro. *Poesia e Pantanal: O olhar mosaicado de Manoel de Barros*. São Paulo: Pontifícia Universidade Católica de São Paulo, 2011. Dissertação (Mestrado em Literatura e Crítica Literária).

GONÇALVES, Marta Aparecida Garcia. *A política da literatura e suas faces na palavra muda de Manoel de Barros*. Natal: Universidade Federal do Rio Grande do Norte, 2011. Tese (Doutorado em Linguística Aplicada e Literatura Comparada).

GRÁCIA-RODRIGUES, Kelcilene. *A poética de Manoel de Barros: Um jeito de olhar o mundo*. Assis: Faculdade de Ciências e Letras de Assis, Universidade Estadual Paulista, 1998. Dissertação (Mestrado em Letras).

————. *De corixos e de veredas: A alegada similitude entre as poéticas de Manoel de Barros e de Guimarães Rosa*. Araraquara: Faculdade de Ciências e Letras de Araraquara, Universidade Estadual Paulista, 2006. Tese (Doutorado em Estudos Literários).

LINHARES, Andrea R. Fernandes. *Memórias inventadas: Figurações do sujeito na escrita autobiográfica de Manoel de Barros*. Porto Alegre: Universidade Federal do Rio Grande do Sul, 2006. Dissertação (Mestrado em História da Literatura).

MACEDO, Ricardo M. *Memórias inventadas: Espaços de significação da solidão e imaginário*. Tangará da Serra: Universidade do Estado de Mato Grosso, 2011. Dissertação (Mestrado em Estudos Literários).

MAEKAWA, Maria Ester Godoy Pereira. *A transversalidade literária de Manoel de Barros na pedagogia da educação ambiental no Pantanal*. Cuiabá: Universidade Federal de Mato Grosso, 2005. Dissertação (Mestrado em Educação).

MARTINS, Waleska Rodrigues de Matos Oliveira. *Um voar fora da asa: O pós-modernismo e a poética de Manoel de Barros*. Campo Grande: Universidade Federal de Mato Grosso do Sul, 2010. Dissertação (Mestrado em Estudos de Linguagens).

————. *As figurações da morte e da memória na poética de Manoel de Barros*. Araraquara: Faculdade de Ciências e Letras, Universidade Estadual Paulista, 2015. Tese (Doutorado em Estudos Literários).

MONCINHATTO, Maria Adriana Silva. *A palavra como processo refle-*

xivo: A poesia da invencionice de Manoel de Barros. São Paulo: Pontifícia Universidade Católica de São Paulo, 2009. Dissertação (Mestrado em Letras).

MORAES, Paulo Eduardo B. de. *Manoel de Barros: Poeta antropófago.* Campo Grande: Universidade Federal de Mato Grosso do Sul, 2014. Dissertação (Mestrado em Estudos de Linguagens).

MORGADO, Paulo. *Manoel de Barros: Confluência entre poesia e crônica.* São Paulo: Pontifícia Universidade Católica de São Paulo, 2007. Dissertação (Mestrado em Comunicação e Semiótica).

OLIVEIRA, Mara Conceição Vieira de. *Nomeação e pensatividade poética em Manoel de Barros, Murilo Mendes e Francis Ponge.* Niterói: Faculdade de Letras, Universidade Federal Fluminense, 2006. Tese (Doutorado em Literatura Comparada).

OLIVEIRA, Maria Elizabete Nascimento de. *Educação ambiental e Manoel de Barros: Diálogos poéticos.* Cuiabá: Universidade Federal de Mato Grosso, 2010. Dissertação (Mestrado em Educação).

OLIVEIRA, Rubens Aquino de. *A metáfora da pedra em Manoel de Barros: Espaço, alteridade, ontologia.* Aquidauana: Universidade Federal de Mato Grosso do Sul, 2018. Tese (Doutorado em Letras).

PEREGRINO, Giselly. *A educação pela infância em Manoel de Barros.* Rio de Janeiro: Pontifícia Universidade Católica do Rio de Janeiro, 2010. Dissertação (Mestrado em Letras).

PERES, Wesley Godoi. *Formações do inconsciente e formações poéticas manoelinas: Uma leitura psicanalítica acerca da subjetividade e da alteridade na obra de Manoel de Barros.* Goiânia: Universidade Federal de Goiás, 2007. Dissertação (Mestrado em Letras e Linguística).

PINHEIRO, Carlos Eduardo Brefore. *Manoel de Barros e a poética do nada.* São Paulo: Universidade Estadual Paulista Júlio de Mesquita Filho, 2002. Dissertação (Mestrado em Teoria da Literatura).

――――. *Entre o ínfimo e o grandioso, entre o passado e o presente: O jogo dialético da poética de Manoel de Barros.* São Paulo: Universidade de São Paulo, 2011. Tese (Doutorado em Letras).

PINHEIRO, Hérica A. Jorge da Cunha. *Os deslimites da poesia: Diálogos interculturais entre Manoel de Barros e Ondjaki.* Tangará da Serra: Universidade do Estado de Mato Grosso, 2012. Dissertação (Mestrado em Estudos Literários).

PRIOSTE, José Carlos Pinheiro. *A unidade dual: Manoel de Barros e a poesia.* Rio de Janeiro: Universidade Federal do Rio de Janeiro, 2006. Tese (Doutorado em Letras).

REINER, Nery N. Biancala. *A poética de Manoel de Barros e a relação homem-vegetal*. São Paulo: Universidade de São Paulo, 2010. Tese (Doutorado em Letras).

RIBEIRO, Johniere Alves. *Manoel Monteiro: Visibilidade de uma poética*. Campina Grande: Universidade Estadual da Paraíba, 2009. Dissertação (Mestrado em Literatura e Interculturalidade).

ROCHA, Valmira Alves da. *Três infâncias*. Assis: Faculdade de Ciências e Letras, Universidade Estadual Paulista, 2017. Dissertação (Mestrado em Letras).

SANTOS, Suzel Domini dos. *Poesia e pensamento em Manoel de Barros*. São José do Rio Preto: Universidade Estadual Paulista, 2017. Tese (Doutorado em Letras).

SILVA, Fernanda M. *A construção do projeto poético de Manoel de Barros: Da militância no Partido Comunista ao diálogo com Bispo do Rosário*. Uberlândia: Programa de Pós-graduação em História, Universidade Federal de Uberlândia, 2018. Tese (Doutorado em História).

SILVA, Wellington Brandão da. *Inclinações da metapoesia de Manoel de Barros*. Brasília: Universidade de Brasília, 2011. Dissertação (Mestrado em Literatura).

SOUSA, José Ricardo Guimarães de. *Sobre restos e trapos: A disfunção na poesia de Manoel de Barros*. Belo Horizonte: Universidade Federal de Minas Gerais, 2013. Tese (Doutorado em Teoria da Literatura).

VASCONCELOS, Vânia Maria. *"A poética in-verso" de Manoel de Barros: Metalinguagem e paradoxos representados numa "disfunção lírica"*. São Paulo: Pontifícia Universidade Católica de São Paulo, 2002. Tese (Doutorado em Comunicação e Semiótica).

VIEIRA, Tania Regina. *Manoel de Barros: Horizontes pantaneiros em terras estrangeiras*. Goiânia: Universidade Federal de Goiás, 2007. Tese (Doutorado em Letras e Linguística).

Produção audiovisual

Caramujo-flor | curta-metragem, 1988
Direção de Joel Pizzini. Com Ney Matogrosso e participações de Rubens Correa, Tetê Espíndola, Aracy Balabanian e Almir Sater, entre outros. Prêmios de Melhor Filme no Festival de Huelva (Espanha); Melhor Direção e Melhor Fotografia no XXII Festival de Brasília; menção honrosa no Festival de Curitiba de 1989 e Melhor Montagem no Rio Cine 1989. Produção de Polo Cinematográfica. Disponível em: <www2.uol.com.br/neymatogrosso/videos/filme02.html>. Acesso em: 15 ago. 2019.

Deslimites da palavra | ópera e solo, 2000
Baseado em poema homônimo de *O livro das ignorãças*. Direção de Zé Luiz Rinaldi. Com Ricardo Blat, Raul Serrador e Lucila Tragtemberg.

Manoel de Barros | CD, 2001
Idealizado e produzido por Paulinho Lima. Narração de Pedro Paulo Rangel e Manoel de Barros. Trilha sonora de Renato Piau. Lançado pelo selo Luz da Cidade, v. 8 da coleção Poesia Falada.

Inutilezas | peça teatral, 2002
Direção de Moacir Chaves. Texto de Manoel de Barros e roteiro de Bianca Ramoneda. No elenco, Bianca Ramoneda e Gabriel Braga Nunes, e o músico Pepê Barcellos. Participações de Pedro Luís, que compôs a trilha, e Hermeto Pascoal, com depoimento gravado em vídeo.

Língua de brincar | documentário, 2007
Direção de Gabriel Sanna e Lúcia Castello Branco. Depoimentos de Manoel de Barros, Stella Barros, Júlia Branco, João Rocha, Rafael Fares, Maria Bethânia, Ondjaki e Mia Couto. Direção de fotografia e montagem de Gabriel Sanna, roteiro de Lúcia Castello Branco. Disponível em: <www.contioutra.com/lingua-de-brincar-manoel-de--barros-documentario/>. Acesso em: 15 ago. 2019.

Paixão pela palavra | série para televisão de cinco programas, 2007-8
Direção e roteiro de Claudio Savaget e Enilton Rodrigues. Produzido pela Nonsense Produções para o Canal Futura com narração de Cássia Kiss e José Hamilton Ribeiro e depoimentos de Luís Melodia, Beatriz Segall, Siron Franco, Lúcia Castello Branco, Claufe Rodrigues, Abílio de Barros e José Mindlin.

Wenceslau e a árvore do gramofone | curta-metragem, 2008
Baseado em poemas de Manoel de Barros. Produção, direção e roteiro de Adalberto Müller e Ricardo Carvalho. Narração de Chico Sant'Anna, música de Egberto Gismonti, direção de arte de Andrey Hermuche e direção de fotografia de Kátia Coelho. Disponível em: <www.youtube.com/watch?v=0niQlFatkz4>. Acesso em: 15 ago. 2019.

Só dez por cento é mentira | documentário, 2009
Direção e roteiro de Pedro Cezar. Depoimentos de Manoel de Barros, Bianca Ramoneda, Joel Pizzini, Abílio de Barros, Palmiro, Viviane Mosé, Danilinho, Fausto Wolff, Stella Barros, Martha Barros, João de Barros, Elisa Lucinda, Adriana Falcão, Paulo Gianini, Jaime Leibovitch e Salim Ramos Hassan. Produção executiva de Julio Adler

e Pedro Cezar; direção de arte de Marcio Paes; música de Marcos Kuzka; direção de fotografia de Stefan Hess; figurinos de Marcio Paes, Gabriel Jopperi e Deborah Maziou; produzido pela Artezanato Eletrônico. Prêmios de Melhor Documentário do II Festival Paulínia de Cinema de 2009 e Melhor Direção e Melhor Filme Documentário Longa-Metragem do V Fest Cine Goiânia de 2009.

Histórias da unha do dedão do pé do fim do mundo | animação, 2009
Vídeo integrante da exposição *Arte para Crianças*, do Museu Vale do Rio Doce. Direção e desenhos de Evandro Salles. Poemas de Manoel de Barros, roteiro de Bianca Ramoneda, música de Tim Rescala, voz de Isabela Mele Rescala, narração de Bidô Galvão, animação e direção de arte de Marcia Roth. Concepção e produção de Lumen Argo e Projeto.

A língua das coisas | curta-metragem, 2010
Direção de Alan Minas. Livremente inspirado na obra de Manoel de Barros e exibido em festivais de cinema do Brasil e do exterior, foi selecionado pelo programa Curta Criança do MinC e TV Brasil. Produzido pela Caraminhola Filmes.

Memórias inventadas | musical poético, 2011
Direção e dramaturgia de Alexandre Varella. Textos de Manoel de Barros intercalados com relatos pessoais e canções da MPB. Com Laura Castro, Marta Nóbrega, Alexandre Varella e Thiago Magalhães. Supervisão de Cininha de Paula e direção musical de Filipe Bernardo.

Passarinho à toa | peça infantil, 2011
Direção de Warley Goulart. Inspirada em poemas de Manoel de Barros e encenada pelo grupo Os Tapetes Contadores de Histórias, responsáveis também pelo roteiro da peça. Trilha sonora e direção musical do Grupo Água Viva.

Crianceiras | espetáculo cênico musical, 2012
Concepção de Márcio de Camillo e direção de Luiz André Cherubini. Com o Grupo Sobrevento — Teatro de Animação. Direção musical de Márcio de Camillo, iluminuras de Martha Barros, produção executiva de Isabella Maggi, coprodução de Criatto Produções e Marruá Arte e Cultura. Mais informações disponíveis em: <www.crianceiras.com.br>. Acesso em: 15 ago. 2019.

Nada | peça teatral, 2012
Direção de Adriano Guimarães, Luis Fernando Guimarães e Miwa Yanagizawa. Texto de Adriano e Luis Fernando Guimarães a partir de

O livro sobre nada, de Manoel de Barros. Com Adriano Garib, Camila Mardila, Lafayette Galvão, Liliane Rovaris, Marilia Simões e Miwa Yanagizawa.

Tudo que não invento é falso | dança, 2013
Espetáculo inspirado em *Memórias inventadas*, de Manoel de Barros. Direção, coreografia e roteiro de Paula Maracajá. Com Danilo D'Alma, Nina Botkay, Patricia Riess, Paula Maracajá e Renata Versiani.

Perto do rio tenho sete anos | exposição de fotografia, 2014
Fotos de André Gardenberg inspiradas no universo de Manoel de Barros, cujos poemas ganharam vida na exposição por meio da voz do ator Pedro Paulo Rangel. Curadoria de Diógenes Moura.

O delírio do verbo | peça teatral, 2018
Idealização e interpretação de Jonas Bloch, supervisão cênica de Emílio de Mello, cenografia de Jonas Bloch, desenho de luz de Bruno Cerezoli, figurinos de Cássio Brasil, trilha sonora de Alexandre Negreiros.

Meu quintal é maior do que o mundo | peça teatral, 2019
Direção e criação musical de Gilberto Rodrigues. Monólogo com Cássia Kiss, com concepção e adaptação dos textos de Ulysses Cruz e Cássia Kiss.

Ocupação Manoel de Barros | exposição, 2019
Concepção, realização e curadoria do Itaú Cultural, com consultoria de Martha Barros e Regina Ferraz e projeto expográfico de Adriana Yazbek.

ESTA OBRA FOI COMPOSTA EM MINION PRO E
IMPRESSA EM OFSETE PELA GRÁFICA PAYM SOBRE
PAPEL PÓLEN BOLD DA SUZANO S.A. PARA A
EDITORA SCHWARCZ EM JANEIRO DE 2021

A marca FSC® é a garantia de que a madeira utilizada na fabricação do papel deste livro provém de florestas que foram gerenciadas de maneira ambientalmente correta, socialmente justa e economicamente viável, além de outras fontes de origem controlada.